VAIDADE

Blucher

VAIDADE

A sedução pelo desejo mimético

Uma transcriação das
Reflexões sobre a Vaidade dos Homens, *de Matias Aires.*

Luiz Carlos Uchôa Junqueira Filho

Vaidade: a sedução pelo desejo mimético

1ª reimpressão - 2022

Publisher Edgard Blücher
Editor Eduardo Blücher
Produção editorial Jonatas Eliakim
Capa Leandro Cunha
Imagem da capa Ismael Nery. Autorretrato com Adalgisa (1928)

Blucher

Rua Pedroso Alvarenga, 1245, 4º andar
04531-934 – São Paulo – SP – Brasil
Tel.: 55 11 3078-5366
contato@blucher.com.br
www.blucher.com.br

Segundo o Novo Acordo Ortográfico, conforme 5. ed. do *Vocabulário Ortográfico da Língua Portuguesa*, Academia Brasileira de Letras, março de 2009.

Dados Internacionais de Catalogação na Publicação (CIP)
Angélica Ilacqua CRB-8/7057

Junqueira Filho
Vaidade : a sedução pelo desejo mimético : uma transcrição das Reflexões sobre as Vaidades dos Homens / Luiz Carlos Ulhôa Junqueira Filho. -- São Paulo : Blucher, 2021.
114 p.

Bibliografia
ISBN 978-65-5506-108-6 (impresso)
ISBN 978-65-5506-109-3 (eletrônico)

1. Filosofia. 2. Eça, Matias Aires Ramos da Silva de, 1705-1763. Vaidade dos homens. 3. Vaidade. 4. Mimética. 5. Psicanálise e filosofia I. Título.

21-5132 CDD 179.8

Índice para catálogo sistemático:
1. Filosofia

Para Elias Thomé Saliba

"Vanitas vanitatum et omnia vanitas" –
Vaidade das vaidades, tudo é vaidade.
(Eclesiastes, I,2)

Homo hominum diabolus
(Matias Aires, carta a seu filho)

Conteúdo

1. Introdução

Este livro nasceu graças a uma conversa casual com Elias Thomé Saliba, Professor Titular de Teoria da História na USP, na qual, falando-se da vaidade, ele lembrou-se de um livro publicado em Lisboa em 1752 por Matias Aires Ramos da Silva d'Eça (1705-1763), escritor e filósofo moralista nascido em São Paulo, mas educado em Portugal a partir dos 11 anos.

Graças à sua gentileza de emprestar-me um exemplar de sua posse impresso para a Imprensa Nacional de Portugal (Casa da Moeda), em 1980, pude logo perceber tratar-se de uma joia rara onde encontramos reflexões não só de cunho filosófico acerca da vaidade, mas também de índole metapsicológica, isto 104 anos antes do nascimento de Freud.

Embrenhando-me na leitura dos 163 preceitos que compõem estas reflexões, fui me sentindo convocado a compartilhar este achado de grande valor psicanalítico com um público mais amplo, mas, para tanto, percebi que algumas adaptações se faziam necessárias. Em primeiro lugar, urgia atenuar a afetação de um texto eivado de gongorismo, ou como se dizia na época em que foi escrito, de *culteranismo*, trabalho próximo às transcriações propostas pelos irmãos Haroldo e Augusto de Campos: estas transposições foram também acontecendo nas inúmeras vezes em que o estilo literário, o raciocínio filosófico ou mesmo os exemplos históricos, ofuscavam formulações que mereciam ser ressaltadas por suas qualidades humanistas ou psicológicas.

Confesso, porém, que ao assumir a função de transcriador, mais do que tentar escapar da dicotomia entre fidelidade e traição que assombra os tradutores, ousei instalar-me confortavelmente na condição do apaixonado que se compraz em difundir sua paixão, protegido pelo álibi de que ela possa contaminar uma comunidade de leitores que ainda permaneciam virgens a seus efeitos inebriantes.

Nas anotações pessoais que fui fazendo, estas adaptações foram se impondo e, inclusive, foram se apoiando num arcabouço de comentários oriundos de uma visão de mundo tingida pelo conjunto de minhas experiências psicanalíticas. Ao terminar esta fase, vi-me diante de uma massa de material sobre uma das emoções básicas do espírito humano, que eu nunca poderia imaginar estar esquecida na obra desconhecida do filho de um herói anônimo da história colonial luso-brasileira.

Nesta altura, senti-me necessitado de levantar os dados históricos deste personagem ignorado por nós paulistanos que, no entanto, muitas vezes já passamos numa rua do bairro da Consolação, portando o sonoro nome de Matias Aires. (Aliás, reza a lenda, que um dia, numa de suas aulas-espetáculo em São Paulo, mestre Ariano Suassuna teria indagado, matreiramente, quem na plateia já ouvira falar em Kant e, quem em Matias Aires: diante do grande número daqueles que conheciam o alemão, e de um único que sabia do brasileiro, ficou sabendo que este era morador daquela rua). Isto justifica-se plenamente, já que poucos críticos, como Fidelino Figueiredo (*História da Literatura Clássica*, 1580-1756), puderam reconhecer o valor de Matias Aires: "Em cerca de dois séculos de literatura, que neste volume historiamos, não encontramos escritos tão ricamente dotados de introspecção e de expressão, como neste esquecido paulista, que é de certo das mais valiosas contribuições do Brasil Colonial para o cabedal literário da metrópole".

2. O Homem e Seu Tempo

José Ramos da Silva (1683-1743), o pai de Matias Aires, nasceu na Freguesia de São Miguel de Beire, bispado do Porto, Portugal, e em 1695 com 12 anos, embarcou no navio "Bom Jesus de Vila Nova", em direção ao Brasil em busca da miragem da riqueza e da ascensão social. Aqui, num período de 21 anos sediado em São Paulo, granjeou considerável fortuna e prestígio, como nos informa Ernesto Ennes (1944, p.16): "Comerciando honestamente, edificando casas, construindo e alindando capelas e igrejas, defendendo o território brasileiro das invasões francesas, pondo ao dispor do Governo ou da autoridade constituída o seu dinheiro, os seus escravos e até o seu sangue, na manutenção do direito e da ordem e, finalmente, cumprindo piedosa e devotadamente, todos os deveres de bom cristão e dedicado praticante da religião Católica".

Em 1704 casa-se com D. Catarina Dorta, o que concorreu para aumentar sua fortuna e seu prestígio social, tornando-se uma das principais figuras da sociedade paulista pelos serviços prestados à cidade, para quem deixou obras vinculadas à sua piedade, patriotismo e civismo. Em 1705 nasce seu primeiro filho, Matias Aires e, em seguida, suas duas filhas.

Em 6-8-1710, uma esquadra de seis navios com mais de mil homens, comandados pelo famoso corsário Jean François Duclerc, atraídos pela riqueza das Minas Gerais, largamente propalada pela Europa, aportava no Rio de Janeiro: o governador Francisco de Castro e Morais encurralou o inimigo no célebre Trapiche, impondo-lhe uma rendição em 19-3-1711.

Dez meses depois, uma esquadra ainda maior, composta por 17 navios armados e 4.000 homens de desembarque, chega ao Rio para vingar a derrota anterior, chefiados por Duguay-Trouin e, rapidamente, obrigaram o governador a uma rendição, mediante o pagamento de polpudo resgate. Em frente da Ilha Grande, duas naus francesas bloqueavam as embarcações brasileiras e os navios mercantes. Um grande reforço foi solicitado de Minas Gerais, mas impunha-se obter informações sobre os planos do contingente francês para organizar uma defesa eficaz. Foi aí que José Ramos da Silva, na descrição ainda de Ennes (1944, p.38-40): "Num gesto do mais acendrado civismo, do mais acrisolado patriotismo, se mascara e, disfarçado, embarca numa canoa, dirige-se ao inimigo oferecendo-se para guiá-lo, conseguindo, a poder de astúcia e dissimulação, ser recebido a bordo como amigo. Aí esquadrinha, examina e avalia, se informando de tudo e de todos: assim documentado, serena e heroicamente retorna à terra com os dados que contribuíram para a expulsão dos invasores, além do apoio oferecido por um contingente de escravos e camaradas armados".

Em 1716, estando já Matias Aires com 11 anos, e necessitado de estudos mais consistentes, resolve José Ramos da Silva retornar à metrópole, acompanhado de toda família e, munido do título de *Familiar do Santo Ofício*, nutriu ainda o anseio secreto de obter algum título nobiliárquico: vemos, portanto, que, embora possuidor de inegáveis méritos cívicos, esse herói, como seria de supor-se, também não estava imune ao vírus da vaidade.

Em 1719 foi nomeado pelo Senado de São Paulo representante junto ao Rei D. João V e em 1722 comprou o reputado ofício de *Provedor da Casa da Moeda Portuguesa*. Com intuitos preventivos, envia suas duas filhas pequenas ao Convento da Trina, no intuito de oferecer-lhes uma educação esmerada, mas, também, confiando dissimuladamente em protegê-las de assédios amorosos, hipocrisia que não escapará às reflexões críticas de Matias Aires.

Este, por seu turno, foi enviado ao Colégio de Santo Antão, administrado pelos jesuítas e onde estudaram luminares da intelectualidade portuguesa como Manoel Bernardes e Antônio Vieira: com esta educação consistente ele já aos 18 anos, pertencia como sócio da *Academia dos Aplicados*, onde lhe foi permitido divulgar seus sonetos, na época, um meio seguro de garantir respeito.

Em 1723, Matias Aires recebe o grau de Bacharel em Artes de Coimbra, mas em 1727 causa um escândalo ao golpear a língua de uma escrava. A seguir, reivindicando o "Hábito de Cristo", primeiro degrau tendo em vista à nobilitação, este lhe foi negado, pois "seu avô fora um pobre lavrador e seu pai, criado de servir e mercador de loja aberta". Só em 1729, após uma doação à Casa Real, é que uma segunda petição foi aceita por dispensa régia.

Em 1733, após vários estágios em ambientes aristocráticos, e vários períodos de estudos, seja aprendendo hebraico e grego, seja se aprofundando nas disciplinas matemáticas e físicas, ou então graduando-se em Paris em Direito Civil e Canônico, regressa a Portugal trazendo as cicatrizes de um ferimento recebido durante o cerco a Gibraltar, onde servira como engenheiro voluntário.

Como nos lembra Tristão de Ataíde, no princípio do século XVIII operou-se uma transformação capital no mundo do pensamento. Os grandes sistemas teológicos e filosóficos do século XVII - de Descartes, de Malebranche, de Leibniz, e de Espinosa - tinham liquidado quase completamente com a tradição escolástica medieval. Por toda parte o que se via era um racionalismo que invadia pouco a pouco todos os domínios e a que se vinha ampliar um espírito crescente de experimentalismo (2011, p. 9). Matias Aires mergulhou por anos num estudo silencioso e de meditação, longe de preocupações de outra ordem que não fossem as do pensamento desinteressado. Nem sempre seria assim, embora a marca indelével e marcante de seu caráter e de sua existência estivesse impregnada de misantropia e esquizoidia, envolvendo seu coração celibatário. O fato é que Matias Aires equilibrou-se entre o *providencialismo* do século XVII e o *empirismo* do século XVIII, além de embeber-se pelo *estoicismo* presente nas letras clássicas que o apaixonara. "Assim como o homem de Freud seria governado pela concupiscência da carne, o homem para Matias Aires estaria governado pela concupiscência do espírito" sua filosofia aparava-se em três temas essenciais "a concepção irremediável e completa da natureza humana, a ociosidade da vida social em todas suas manifestações e o poder implacável da Providência e de sua manifestação temporal, a Natureza." (2011, p. 12-130).

Nesta altura, seu pai já havia morrido deixando-lhe uma boa herança: malgrado este fato, ele ainda encetou várias ações contra as suas irmãs, alegando as grandes quantias que o pai despendera para educá-las. De posse de poder econômico, passa a usá-lo para obter bens materiais como a compra do Palácio do Conde de Alvor, ou então para solicitar que um agente diplomático em Paris lhe arranjasse uma noiva francesa "de boa educação, gênio e qualidade, criada em convento e sem necessidade de dote ou beleza".

Casa da Rua do Guarda Mór, onde viveu Matias Aires com seus pais e sua irmã D. Teresa Margarida de Silva e Horta

Desilusões contínuas com os esforços frustrados do pai para revestir-se de nobreza, com seus anseios não realizados de glória acadêmica, com desenganos amorosos e com os litígios familiares, resolve lançar em 1752 suas "Reflexões sobre a Vaidade", entendendo-a como a força motriz de todos os desmandos sociopolítico-culturais. Em vez de ensimesmar-se com sua dor, partiu para uma denúncia reflexiva do egoísmo, da hipocrisia e do cinismo, apoiando-se claramente em seus desencantos com a própria vaidade. "A exemplo dos preceitos que orientavam a redação dos tratados daquela natureza com finalidades afins, Matias Aires combinou três características nos paratextos que antecedem seu manual: o tom encomiástico, a declaração de sinceridade e a afetação de modéstia". (Chauvin, 2018, p.452).

Apesar de advertir no prólogo tratar-se de reflexões para uso pessoal sem quaisquer pretensões evangelizadoras, seu texto rescende a um desabafo burguês, o qual, inflamado por sua cólera, flui no geral com um didatismo perfunctório digno de um reformador moral. Os temas são recorrentes e, muitas vezes, repetitivos, como se exercitando numa espécie de tiro-ao-alvo corretivo, que só cessará quando atingido em seu centro: acompanhamos com curiosa atenção suas críticas à precariedade da justiça, à hipocrisia e miopia social, à fragilidade humana, à corrupção, à ilusão de buscar uma glória eterna ou de exercer um poder intelectual.

Em suma (Matias Aires, 2011, p. 12), na "vaidade" de Matias Aires, não há apenas um conceito do homem e sim uma concepção geral do universo. Por antecipação dos modernos filósofos existencialistas, que tomam de um conceito como a *angústia*, o *impulso vital*, o *risco*, a *luta*, e daí partem para a compreensão do universo todo, assim parte Matias Aires da *vaidade* humana como origem de toda a sua compreensão das coisas. Não chega nunca a definir a vaidade, nem mesmo a defini-la como indefinível, a exemplo do que faz com o amor. Dá como subentendido o sentido do termo, como sendo uma paixão, ou mais precisamente uma "concupiscência" que leva o homem a cuidar mais das aparências que das substâncias, e a viver de mentiras e não de verdades.

Como vimos, após enveredar pelo campo das disciplinas matemáticas e experiências físicas, chega finalmente na busca metafísica de um *occultus vitae cibus*, aquela semente que seria o princípio universal de todas as coisas. Fracassando nesta missão, complicando-se em sua função de *Provedor da Casa da Moeda*, que herdara do pai, isola-se misantropicamente em sua casa e, instado por um amigo que lhe lamenta a má sorte, escreve uma espantosa *Carta sobre a Fortuna*, segunda tentativa autobiográfica de justificar seu destino. Ouça-mo-lo: "Já do berço trazemos conosco a nossa sorte, e parece que em nós mesmos trazemos as raízes do nosso mal e do nosso bem, e se somos felizes ou infelizes por destino, que culpa tem o destino dos nossos males? [...] Nós mesmos os fabricamos sendo artífices da desgraça e da fortuna."

3. O Espírito não mente

As "Reflexões sobre a vaidade dos homens" foram dedicadas por uma "vaidade inocente", ao novo Rei de Portugal, D. José I, na esperança de instruí-lo sobre um desvio de caráter que se apresenta aos homens comuns ao se considerarem fiéis espelhos de si mesmos. Seu elogio incontinente às virtudes reais, soa tão inverídico quanto sua confissão de culpa de que, não resistindo a assumir publicamente a autoria dessas reflexões, estaria suavizando a gravidade de seu crime.

Apesar de advertir no prólogo tratar-se de reflexões para uso pessoal sem qualquer pretensão de doutrinação alheia, o formato de sua apresentação através de 163 preceitos numerados, não deixa de exalar um desejo canônico de alertar o humano a respeito de suas precariedades.

Os dois primeiros preceitos, significativamente, acenam com a "imortalidade" da vaidade, com o frívolo cuidado de erigir um mausoléu onde os homens depositam suas memórias na vã expectativa de imortalizarem seus nomes e na ilusão de estarem recebendo as últimas honras quando, no fundo, estão expirando suas últimas vaidades.

Estamos diante de uma paixão matreira, de um objeto proteiforme, um ser híbrido que aparece e some como um vagalume, que nos saúda pela frente e nos embosca pelas costas. Colhemos a vaidade como se fossem inocentes flores campestres isentas de qualquer custo, mas logo nos surpreendemos com uma fatura implacável que não sabemos como pagar. O excesso do vício da vaidade produz a aparência de uma virtude, a de não ser vaidoso: paradoxalmente, assim como o excesso na virtude, parece vício, também o excesso no vício parece virtude. É preciso, portanto, precaver-se da armadilha sutil que consiste em encenar um desprezo pela vaidade como forma disfarçada de alimentá-la e promovê-la.

A perda da honra aflige mais que a perda da fortuna, por ferir de morte a vaidade, o verdadeiro coração da honra: parece que os homens mais nascem para terem honra, que para terem vida, ou então, que fossem formados menos para existirem no ser que para durarem na vaidade.

Dou-me conta que, na ocasião em que me vi investido da direção da instituição psicanalítica à qual pertenço, passei a nomear a "fogueira das vaidades" (alegoria criada por Bunyan no *Pilgrim's Progress* para referir-se à ostentação mundana) como o obstáculo maior a uma administração produtiva (É claro, que a minha própria vaidade deve ter contribuído para jogar lenha nesta fogueira). Esta expressão, que resiste à passagem do tempo, refere-se à imemorial guerra de vaidades que sempre assolou o convívio humano na medida em que apagam do indivíduo seus próprios defeitos enquanto, paralelamente, amplia e deforma o defeito dos outros. Em suma, nossa indisposição com a vaidade alheia está umbilicalmente ligada ao "fogo amigo" de nossa própria vaidade.

Talvez o mais difícil seja admitirmos ser a vaidade uma paixão natural, nascida da autoestima, mas logo adquirindo uma ambição própria que a leva a flertar perigosamente com a possessividade, o desprezo, a avareza e a arrogância. Além do mais, ela acaba por se travestir de certas virtudes como a humildade e a generosidade, aproveitando-se do fato de que, mesmo o mais autêntico dos humildes, nunca é totalmente insensível ao respeito e ao desprezo. Mesmo assim, ela não abandona sua gênese virtuosa abominando tudo aquilo que é vil, como a calúnia, a ingratidão e a deslealdade.

Na surdina, ela atua como um agente duplo: ela nos defende de certos vícios, numa espécie de exorcismo invisível, mas nos ensina certas virtudes, ensaiando uma consagração despretensiosa.

A vaidade confunde-se com o amor-próprio, já que o homem parece ter nascido para viver em estado de constante aprovação e de busca de significados: na visão do psicanalista Wilfred Bion, isto seria uma função do amor-próprio, do ódio-próprio ou do conhecimento-próprio (1965, p. 73). Por isso, trata-se de uma paixão fiel que nunca nos abandona. Em suma, apesar de perigosa, não há como expulsar catarticamente uma emoção que, se bem administrada, pode nos engrandecer.

A vaidade é uma espécie de reguladora das dores da alma, mas se uma mágoa tem origem na própria vaidade, ela então é incurável ou, se preferirmos, se incrusta em nossa essência sem qualquer cerimônia, como uma espécie de eminência parda.

4. Reverberações das "Reflexões"

Iniciaremos aquilo que, propriamente dito, constitui as minhas "transcriações" a respeito dos preceitos enunciados por Matias Aires, valendo-me da edição publicada em Lisboa, em 1980, para a Imprensa Nacional - Casa da Moeda. Posteriormente, tive acesso a outras duas edições publicadas pela Edipro e pela Martins Fontes.

Para facilitar a apreensão do conjunto dos preceitos, criei livremente uma série de categorias de modo a podermos ter uma noção do universo por onde Matias Aires transitou. Sempre que pertinente, acrescentarei alguns comentários, mero exercício associativo.

Malabarismos do pensamento

Dizem que gostos e desgostos não são mais que imaginação: porém, seria melhor dizer que gostos e desgostos não são mais que vaidades.

A imaginação desperta e dá movimento à vaidade: eis o porquê, não tratar-se de uma paixão do corpo, mas da alma; não é vício da vontade, mas sim do entendimento já que depende do discurso.

> *A mais vã e forte de todas as vaidades é a que resulta do saber, já que o pensamento que mais agrada ao homem, é aquele que o representa como superior aos demais: há contextos, porém, em que a virtude é colocada no saber ignorar, conferindo à ignorância status de vaidade.*

Temos aqui uma bela antecipação do conceito de *capacidade negativa* proposto por Keats em carta a seus irmãos George e Thomas Keats, bem como do reconhecimento de que, permitir-se errar, é apanágio do aprendizado pela experiência.

> *É preciso diferenciarmos o juízo do entendimento: o juízo duvida antes de resolver, o entendimento resolve antes de duvidar. Daí o poder de sedução da eloquência e a fraqueza de uma verdade sem brilho, ou então, o porquê de vangloriarmos de errar com sutileza mais do que acertarmos com rusticidade.*
>
> *A malícia é uma espécie de arte natural ou mesmo uma virtude política, já que é uma inteligência ou ato que prevê o mal ou o medita; diferenciemos, porém, a malícia do malicioso: tem malícia quem entreve o mal para evitá-lo, é malicioso quem o antevê para o exercer. É, portanto, malicioso, aquele que, por vaidade, não perde qualquer brecha de transformar um fato em algo superior e admirável.*

Esta é uma bela enunciação do caráter intrínseco da malícia digna das melhores formulações psicanalíticas.

A razão é irmã gêmea da vaidade e, por uma espécie de instinto corporativista, não consegue prevalecer suas advertências contra os males causados por ela: se estes males diminuem é porque nos cansamos deles e não porque cansamos de ser vaidosos. Há ocasiões, porém, em que o estoicismo de permanecermos em contato com nossa dor está meramente a serviço da vaidade de sermos admirados por isto.

Somos brindados, agora, com um bom exemplo da dialética entre forma e função.

O retirar-se do mundo após uma decepção não nos garante um reconhecimento de resignação ou de desligamento das coisas materiais, mas, ao contrário, pode ser evidência de um espírito vingativo que sustenta a persistência na vaidade.

É preciso estarmos sempre atentos à fronteira entre o uso e o abuso da vitimização: note-se que esta reflexão é claramente autobiográfica.

Outro lado da moeda

A vaidade é a força motriz do espírito empreendedor, é a energia potencial que faz brotar o desembaraço, a confiança, o arrojo e a certeza, é, em suma, a carta de garantia das descobertas científicas, do desenvolvimento social e da criatividade artística.

> *O homem, onde a vaidade não predomina, é tímido e rodeado por dúvidas e receios: seu surgimento, traz consigo o desembaraço, a confiança, o arrojo e a certeza. Por isso, o homem sem vaidade nutre um desprezo universal de tudo, a começar por si mesmo; encara a reputação como uma fantasia inconstante; entende o valor como um meio cruel idealizado pela tirania para implantar a escravidão; olha para a benignidade como uma virtude mercenária a serviço de interesses pessoais. E, por último, transforma a fama num objeto incerto, cujo valor não paga o esforço de consegui-lo.*

Como diria Edmund Burke (1729-1797), a ambição tanto pode rastejar como alçar-se às alturas.

> *Nos benefícios aproveitamos menos a utilidade do que o obséquio, nas ofensas, consideramos mais o atrevimento da injúria do que o atrevimento do mal: este o motivo porque na vaidade nunca se formam cicatrizes permanentes, pois a lembrança do agravo as mantêm abertas vertendo sangue.*
>
> *É loucura sacrificar a vida para eternizar o nome e banhar-se de glória porque, mesmo nos heróis, isto é efêmero e fugidio, no entanto, destas mesmas loucuras resulta e depende a sociedade, porque a vaidade de adquirir a fama infunde aquele valor nos homens, que quase chega a transformá-los em muralhas para defesa das cidades e dos reinos; a vaidade de serem atendidos os reduz à trabalhosa ocupação de indagarem os segredos da divindade, o giro dos astros e os mistérios da natureza; a vai-*

> *dade de serem leais os faz obedientes; a vaidade de serem amados os faz benignos; e finalmente a vaidade, o amor da reputação, os faz virtuosos.*

O motor do espírito humano consiste sempre na elaboração conflitiva de polaridades antitéticas: o impulso e a contenção, adiar ou abreviar, são pares fundamentais da vida.

> *A melancolia que nos desterra para a solidão do ermo, arrasta consigo a vaidade a qual, naquele contexto, se reduz à complacência com a qual se contempla refletindo sobre os males do mundo e as verdades da solidão. Assim, a vaidade de ser virtuoso se apresenta como virtude: neste caso, o vício nos melhora e nos ensina a não menosprezá-lo.*

Ao perceber-se sozinha, a vaidade sofre um *down grade* inesperado, pois falta-lhe o parceiro imprescindível sem o qual ela fica impotente; um *up grade* lépido, porém, assoma quando ela dispensa a plateia.

Uma origem híbrida

> *A vaidade surge do contágio entre os homens já que somos perversos por comparação: este é um posto inexorável que a sociabilidade nos impõe.*

Esta afirmação de Matias Aires parece ter sido forjada a la carte para ilustrar o conceito de desejo mimético de René Girard, como veremos mais adiante.

> *Os homens mais obstinados são os mais vaidosos por se imaginarem conhecedores da essência do mundo: quase tudo transcende a sua compreensão, mas nada transcende suas vaidades, já que a admissão de ignorância seria fatal.*

Os místicos neoplatônicos vislumbraram a possibilidade de usar o não-saber como instrumento para se aproximar do saber.

> *Cada paixão suscita uma esperança peculiar: o amor nos promete a extinção das tiranias; o ódio nos assegura que está chegando o dia da vingança; a vaidade nos acena com o respeito e a grandeza. Reféns da esperança, não vivemos, esperamos a vida chegar.*

Ou seja, "a esperança não passa de um sonho daqueles que acordaram", na bela expressão de Matthew Prior (1604-1721).

> *O que chamamos inveja, não passa de vaidade: que outra justificativa teríamos para achar que o esplendor alheio nada mais é do que desordem do acaso e por mera miséria do tempo?*

Eis uma intuição sobre a gênese comum das "paixões miméticas" formuladas por Girard, como veremos a seguir; ou como Hobbes (1588-1679, já nos alertava no *Leviatã* – "Os vivos só elogiam os autores antigos, para aliviarem a competição e a inveja mútuas".

Uma comédia de erros

Somos exímios em distorcer os fatos para alimentar nossa vaidade: não temos prurido de interpretar qualquer sorriso como dirigido a nós; um obséquio interesseiro é facilmente tomado como recompensa legítima; uma submissão disfarçada, entendida como altivez; uma lisonja edulcorada sendo engolida com sofreguidão para neutralizar seu veneno. Quantos subterfúgios para nos impregnarmos de uma falsa alegria! Até a Natureza não escapa desta sanha delirante: a aurora parece-nos nascer rindo de nossos males; as fontes, murmurar de nossos tormentos, as flores crescer para simbolizar nossas delícias, as aves cantar os nossos triunfos. Somos mesmo demiurgos incorrigíveis das causas próprias.
A vaidade é useira e vezeira em conferir existência a coisas que não a possuem, transformando-nos em idólatras de uns nadas incorpóreos como modo de nos distinguir, sendo que nem Deus nem a Natureza, nunca nos distinguiu.

Em busca de um lugar ao sol, o ser humano se traveste em demiurgo de banalidades.

As fortunas humanas ou consistem na abundância, no poder ou no respeito: estas, no entanto, são as mesmas fontes de onde nascem as vaidades: com efeito, se há vaidade sem fortuna, não há fortuna sem vaidade.
A vaidade é modulada pelo tempo à sua revelia. O passado é encarado com indiferença, pois nele não se pode

mais agir; o presente com desprezo, pois aqui sentimos a insatisfação na pele; já o futuro, pode ser antevisto com esperança. Somos vítimas ingênuas da armadilha temporal: só estimamos o que já não temos; esnobamos o que já possuímos e ansiamos pelo que não sabemos se teremos.

Na classificação pragmática de Sêneca (1aC.- 65dC), a vida divide-se em três períodos – o que foi, o que é, e o que há de ser. Destes, o que vivemos é breve, o que havemos de viver, duvidoso; o que já vivemos, certo.

Os objetos estimados vaidosamente pelos homens, são como ídolos que só se veneram em determinado lugar, mas que, fora dali, constata-se que a adoração se degrada em vitupério. O mesmo mármore que em Atenas representa uma Minerva, transportado a outro lugar, apenas servirá de base a uma reles coluna. Eis a fragilidade da vaidade: por mais que seja universal nos homens, seus motivos não o são.

Muitas vezes atuamos mal por vaidade, mas também atuamos bem por vaidade. Há coisas grandes causadas por uma execração: basta isso para a vaidade segui-las passivamente. A fama não se compõe só pelo que é justo, é como o raio que não se destaca só pela luz, mas também pelo estrago.

O veneno narcísico

A primeira das vaidades é aquela que nos lança narcisicamente a nos encantar com nossa própria imagem. Gradualmente vamos nos entretendo ao longo da vida com um desfile de vaidades até que, subitamente, nos vemos enredados nas vaidades da velhice: discursiva, prudencial, históricas e frequentemente imbecil. Perdemos a inocência assim que adquirimos o uso da razão, e perdemos a razão assim que tornamos ao estado de inocência. Indiscretamente, sentimo-nos vaidosos por sermos entendidos, mas logo o feitiço vira contra o feiticeiro: senhores do entendimento, ficamos sem desculpa para nada.

A dramaturgia do interesse

A vaidade é um ator que se adapta a qualquer papel. Vejamos, como exemplo, os destinos de uma ajuda ou benefício: pode gerar ingratidão para que o beneficiado não se sinta humilhado pela ajuda recebida; há aqueles que, por vaidade, confessam benefícios que nunca receberam; outros reconhecem benefícios verdadeiros achando, vaidosamente, que a mera confissão da dívida já a elimina.

Há, no entanto, um papel que se adapta como uma luva à vaidade: o de agente de dissensão. Insensivelmente, ela cria um divórcio entre quem recebe um favor e quem o faz: este, por vaidade, encena um esquecimento, o outro se constrange por havê-lo esquecido.

Na esteira do dinheiro, a vaidade também não tem cor, como expresso no dito "falem mal, mas falem de mim". Com a mesma desenvoltura que ela comemora uma vitória, tem a desfaçatez de exaltar a vitimização numa derrota. Sua presença é ubíqua: pertence a todo mundo, a todos os tempos, a todos os estados e a todas as profissões. O tirano que é agente da crueldade pode mostrar um semblante impassível só porque a vaidade o anima contra o pavor gerado pelo reconhecimento de sua natureza maldosa. A vaidade inocula a tirania com a ilusão do poder degradando a compaixão como fraqueza e atribuindo valor à desumanidade.

Quem disse que o amor é cego errou: é mais provável ser cega a vaidade. O amor vem por natureza, a vaidade por contágio. A vaidade nos move pela glória da virtude e não por sua essência.

Para a vaidade, tudo que nos diz respeito é suscetível de aflição, prazer, respeito e insulto; por isso nos persuade que, para as razões da mágoa e do contentamento, o que se parece conosco vira parceiro, nossa sombra adquire vida e a nossa estátua sentimento

Ao esculpir Galatéia como antídoto à sua misoginia, Pigmaleão teve que curvar-se à generosidade da divindade, para insuflar-lhe vida: teria ele imaginado a dimensão da dívida que criara para si?

Uma tintura de vaidade é sempre útil, já que a honra é uma religião humana que depende do respeito à reputação, filha da vaidade. Além do mais, não devemos esquecer que a certas verdades só chegamos através do erro e do vício.

Como veremos mais adiante, quem almeja acertar tem o dever sagrado de errar.

> *A promessa tem o gosto da liberdade, já o seu cumprimento tem o peso da obrigação e, por isso, facilita o arrependimento: este só consegue ser superado pela força da vaidade que nos protege de um anátema civil, a infâmia de não sermos fiéis à própria palavra. Tudo que fazemos, segue um princípio vicioso, a vaidade acaba sendo um estímulo maior que a verdade: a razão, no homem, é como um licor precioso num vaso impuro.*
>
> *A vaidade de um entusiasmo heroico consiste em querer reunir em um só braço toda a força que a Providência repartiu para muitos, e em querer reduzir a um só homem, toda a natureza humana. A vaidade pode enganar a cada um pelo que respeita a si, mas não pode enganar a todos, pelo que respeita cada um.*
>
> *A vaidade pode prometer a seu dono várias isenções sem, no entanto, conseguir realizá-las: a grandeza pode pensar de si o que quiser, mas nós, em contrapartida, podemos crer delas o que quisermos. O fato, é que a desonra é igualitária, pois não discrimina o freguês.*

Uma guerra sem fim

Tudo entra em nós, seja por força do amor, seja por força da vaidade: a quem a vaidade não vence, vence o amor. Em todas as paixões se encontra a vaidade de querer vencer: não há vitória sem combate, e se a há, é sem glória e sem merecimento. Contra um campo aberto não há desejo nem ardor, a muralha incita porque impede. A vaidade só se compraz de entrar armada, pois tem repugnância de entrar pacificamente.

Não há maior combate, que o que se dá entre a vaidade e o amor: se este é vencido, a própria vaidade chora e se arrepende – é uma vitória obtida por um vencedor estragado. Quem foge, parece que quer que o sigam; quem vai embora parece que quer que o busquem: ao cobrir o rosto, incitamos mil vontades de descobri-lo: a desconfiança faz nascer a insistência e o cuidado; o engano, muitas vezes, se evita só por não ser presumido; o que se guarda, e se esconde, é a primeira coisa que se assalta; a liberdade do porto é o que o conserva livre da invasão.

A natureza, em sua sabedoria, modula o encanto da formosura para que seu poder não exorbite: por isso, enxerta nela a tirania, o engano e a vaidade de modo que a fealdade destes atributos modere seus efeitos. Assim, temos o remédio embutido no próprio mal.

O nosso pensamento não se acomoda às coisas, acomoda-se ao nosso gosto. O amor, a vaidade e o interesse são os moldes em que as coisas se formam e se configuram para se apresentarem a nós: usamos nosso engenho para colocar as coisas numa perspectiva a parecerem aquilo que queremos, e não o que elas são.

Se o pior cego é aquele que não quer enxergar, o pior observador é aquele onde seu desejo comanda a visão.

Aquele coberto pelo escudo da fortuna e que marcha resoluto deduz estar vendo os faustos do triunfo; aquele que prostrado, já está agonizando, antecipa estar expirando ou nos braços da vitória, ou naqueles da fama. Que felicidade poder morrer: a vaidade tira da morte o semblante pálido e horroroso, deixando-a ornada de palmas e troféus!

O mistério do amor

A vaidade, como vimos, confunde-se com o amor-próprio, pois o homem nasceu para viver em contínua aprovação de si mesmo. As outras paixões, às vezes, nos desamparam e só nos acompanham em determinados contextos: a vaidade é paixão fiel, amor permanente, por estar presente em toda e qualquer circunstância.
A essência das coisas nos é totalmente oculta: conhecemos as coisas não pelo que elas são em si, mas pela diferença que há entre elas. Por isso, o amor é inexplicável, não podendo compará-lo a algo definido, rodeamos o conceito com expressões contraditórias: que o amor é fogo, que é neve, que é alívio, que é pena, que é luz, que é sombra.

Não deveríamos nos inibir como fez Chesterton (1874-1936), em usar até a gíria para definir o amor. Diz ele: “Toda gíria é metáfora, e toda metáfora é poesia”.

Cada coisa, tem um limite certo, entre cuja extremidade se deve conter e regular. Porém, esse tal limite não é fácil de se achar, e no amor é quase impraticável, por ser uma paixão que não tem limite, e que só no excesso se mostra e se acredita. Não há delírio que os homens não desculpem, quando vem de um grande amor: há delitos onde o perdão é alcançado pela natureza do crime; ninguém admira suas consequências, mas todos invejam sua motivação.

Julgamos pelo que vemos e pelo que ouvimos: esses sentidos são em nós como dois relatores injustos, falsos, infiéis. Daí resulta que quando o querer é culpa, essa culpa não é nossa, mas sim da formosura que nos move e prende.

Que culpa pode ter a cera por receber em si o caráter de uma imagem? Que culpa tem o mármore por conservar a forma que o artífice lhe deu? As coisas em si são inocentes: o erro é exterior e vem de fora.

Infelizmente nosso coração não é firme como o ferro, nem duro como a pedra: antes, é mais tratável que o pano e mais brando que a cera. É como uma lâmina original e impolida, informe e ainda sem configuração, onde não há nem amor, nem ódio, nem culpa, nem merecimento, nem virtude, nem vício – mas é onde tudo isso se põe, se faz, se introduz, se esconde!

Até a vaidade pode sofrer emboscadas!

Se nos apaixonamos por coisas sem valor, as transformamos em objetos desejáveis; o que se busca com ânsia não é o que nos é oferecido, mas o que nos é negado. Os mais altos montes são os que se admiram só porque custam a subir; a facilidade é sempre aborrecida, o brilho de um argumento vem da contradição. Isto sucede à formosura a quem a vaidade prende para não ser mais admirada: que mal negócio conseguiu a vaidade.

O desejo mimético despreza a essência e corteja a carência.

O ciúme, portanto, precisa ser administrado junto com a vaidade, pois o amor não se sujeita a força nem a império: ninguém ama, ou desama, por preceito. Não podemos comandar as coisas através de leis, mas, ao exterior delas sim: as palavras e as ações admitem composição e fingimento, mas a substância delas não: por isso, não é fácil desaprovar aquilo que os sentidos aprovam. Não ouse iludir-se que, ao reduzir a formosura, ela se esconderá de quem a busca, e nem que é fácil querer mal a quem nos quer bem!

A simpatia só é frágil na aparência: sempre perdemos ao tentar manipular sua essência!

É propriedade do amor ser violento; é propriedade da violência, não durar. Não está ao nosso alcance controlar o coração, ele se inflama e se encolhe à nossa revelia. Por isso, quando amamos é porque a formosura nos obriga a amar: não há mérito em pagar um tributo natural, forçado e inevitável.

A razão se enrubesce ao perceber-se escrava da paixão.

> *No seu princípio, e no seu progresso, o amor é uma paixão cheia de entusiasmo e de furor: por isso, amamos mais quando sabemos amar menos, quando o fazemos quase por instinto. Quando o amor se reveste de racionalidade, é sinal que está agonizante: o amor só é prudente quando acaba, pois, então, amamos como nós queremos e não como o amor quer.*

A fúria, no sentido empático, é uma capacidade de interromper o *status quo* e produzir o futuro.

A inconstância da vida

> *A natureza não se conserva e dura, se não porque se muda, e move. A firmeza é um atributo essencial da morte, já que a falta de mudança é o mesmo que falta de vida. Nem sempre a falta de firmeza é traição; nem sempre buscar variar é ser infiel; e nem sempre o ser inconstante é ser ingrato.*
> *A estética é aquilo que reconhece o valor da harmonia, intrínseca à beleza, bem como o poder criativo da dissonância que beira a fealdade.*

A deformação humana do preceito divino

Oh! Quantas vezes um preceito divino serve para autorizar interesses humanos. Os homens sabem aplicar as coisas mais santas aos fins mais injustos: basta que o interesse e a vaidade estejam em jogo. As clausuras, que foram santamente instituídas, e prudentemente praticadas, vieram a degenerar num modo de tirar-se a liberdade aos homens e às mulheres e, nestas, veio a cair o rigor do excesso. A vaidade e ciúmes dos homens, parecem acusar as mulheres antes de nascerem: prendem-se as feras, e também se prendem as mulheres. Aquelas por causa da braveza, estas por causa da mansidão; aquelas porque se enfurecem, estas porque se enternecem, aquelas porque se assustam, estas porque agradam; umas porque é necessário fugir delas, outras porque é necessário que elas fujam; e, finalmente, umas porque matam, e outras porque dão vida.

A regra de que o mal é permitido para evitar-se outro maior é sutilmente ampliada pelos homens que, de ilação em ilação, chega ao ponto de concluir que não há mal, por maior que seja, que não seja tolerável; e que não há iniquidade que não seja, às vezes, necessária, nem injustiça que não seja justa. Prendam-se pois as mulheres para que se evite o mal que elas amem; sejam conduzidas a força para os claustros, para que não as amemos nós; saiam do berço para aquelas sepulturas, e assim conheçam a morte antes de conhecerem a vida; e saibam como é a prisão, antes de saberem como é a liberdade.

A retórica da perspectiva

> *O amor é um influxo da beleza, por isso essa raras vezes anda solitária por estar acompanhada do amor. Agradável, mas louca companhia: apetecida, mas traidora felicidade! A formosura compõe-se de uma certa modulação das partes: obra mais do acaso que de um cuidado especial da natureza. Porém, deve admirar-se um instrumento cujas cordas só produzem harmonia: assim é a formosura. Aquele de onde só emana dissonância é pouco estimado: assim é a fealdade. A formosura reside numa forma exterior; o amor parece ser efeito da vontade ou do desejo: aquela se mostra, porém, este se esconde; este é invisível, porém, aquele se vê. A formosura pode dizer-se como é, porém, o amor não, porque quem o tem sente sem saber o que, e quem não o experimentou o conhece ainda menos.*
>
> *O homem não vem ao mundo mostrar o que é, mas sim o que parece; não vem feito, vem fazer-se; não vem ser homem, vem ser alguém graduado, ilustrado e inspirado. De sorte que os atributos com que a vaidade veste o homem, eclipsam este homem rebaixando-o a um mero acidente: o véu que esconde se confunde com a coisa escondida levando-nos a confundir o homem com a sua guarnição.*

Ou, na enunciação de Ralph Waldo Emerson, "Aquilo que você diz grita tanto, que mal dá para ouvir aquilo que você é!"

A vaidade e a sorte são as entidades que governam a farsa da vida: ninguém escolhe o seu papel, cada um se insere no teatro com a pompa da vaidade ou sem as roupas da sorte ou do azar. Tudo que a vaidade cola ao homem é emprestado, fingido, suposto e exterior: tirada a insígnia o que sobra é um homem simples; se tirarmos do capitão a lança, o escudo de ferro e o peito de aço, chegamos num homem comum, indefeso, tímido e covarde. Nosso engenho se esforça em colocar as coisas numa tal perspectiva que, vistas de um certo modo, fiquem parecendo o que nós queremos que sejam, e não o que são. Tudo o que fazemos é sem perceber o princípio pelo qual o fazemos: por isso, o que se faz por amor ou vaidade, parece-nos que é feito por zelo ou por virtude. Qual é o hipócrita, que conhece a sua hipocrisia? Qual é o vanglorioso, que conhece a sua vaidade? Qual é o amante que conhece o seu delírio? Como é fácil reconhecer o defeito dos outros e difícil reconhecer os nossos! Que pai enxerga o defeito do seu filho? A natureza não só é mãe do que sai perfeito, mas também do que sai defeituoso: a existência da perfeição não é creditada à maternidade, mas vista como algo casual, estrangeiro e acidental.

A fecundidade dos homens contenta-se em ser progenitora, sem se importar com a qualidade dos filhos: esta torna-se depravada pelas distorções do amor, dos interesses e da vaidade.

Na República das Letras não há menos vaidade que na República das Armas. É verdade que é uma vaidade metafísica, espiritual e que, na sua origem, é vaga e inconstante: mas, por isso, é mais vã que nenhuma outra

> *vaidade. Seu objetivo são os discursos, a disputa, entidades sem corpo, vãos por natureza e por instituto. O campo desta vaidade é a imaginação, campo vasto mesmo quando infecundo: ali brotam lírios e violas, rosas e açucenas. Assim que entramos no mundo passamos a defender nossa opinião, e é neste combate que gastamos a vida: guerra em que cada um canta vitória, nunca se dando por vencido.*
>
> *A razão anula a própria razão, já que, cada um, finge que a controla, que a vê, que a conhece: mas, quase sempre, o que imaginamos ser a razão, não passa de uma sombra dela encontrável por mero acaso, a aceitação de não se estar com a razão, levanta em geral a suspeita de que a vontade fraquejou, ou de que o entendimento se enganou: só assim, a vaidade engole em seco.*

Foi com surpresa que, numa ocasião, ouvi alguém responder ao ser indagado qual o segredo da sobrevida do seu casamento: "Um dia, eu me perguntei, você quer ter razão ou ser feliz?".

> *Estamos mais propensos ao engano, do que ao acerto, porque o erro é como um edifício cuja estrutura exterior possui uma infinidade de ângulos. Nosso pensamento facilmente se encanta com algum deles, por serem muitos, ao passo que o acerto é como um ponto fixo no meio de uma esfera: o pensamento que vaga em círculos não vê o ponto por ser único. O próprio corpo gera a sombra que o encobre: são inumeráveis as linhas que se podem lançar de uma circunferência para um centro comum, facilitando seu reconhecimento; o mesmo não ocorre com o centro mergulhado em sua solidão. A superfície*

> *do globo esconde sua concavidade: ou enxergamos uma coisa ou a outra.*
> *Cada coisa que vemos é subtraída de uma infinidade de outras coisas, de modo que qualquer opinião acontece no meio de uma infinidade de opiniões.*

O autor, aqui, com certeza, inspirou-se no aforismo de Milton: "Extraído do infinito vazio e informe".

> *As águas do oceano, por mais que sejam cristalinas, nem por isso deixam ver o fundo que as sustenta: ao recebermos as ideias que o entendimento nos propõe as registramos como certas ou duvidosas.*

Nessa passagem, a inspiração veio de Dante que, ao referir-se às limitações da percepção, em relação à justiça divina, usa a seguinte alegoria: "A visão dada ao homem espraia-se sobre a Justiça Sempinterna como o olhar distendido sobre o oceano: se junto da orla pode-se enxergar o fundo, no mar alto não se consegue – mas, sabe-se que ele existe, oculto pela própria profundidade".

> *A tendência de nossa inércia é conservá-las assim sem corrigi-las, já que a correção depende do mesmo entendimento que erra. A vaidade é mãe da obstinação porque é como um juiz inexorável que nunca muda nem reforma.*

Quantos se perdem nas fronteiras pantanosas entre a persistência e a teimosia!

> *Há muitos meios para elevar a reputação e é a vaida-*

de que guia a todos, apesar de que ninguém examina se os meios usados para a ascensão são justos ou injustos. Mas as asas da vaidade também se derretem: a vaidade dos admiradores é a primeira que se desgasta, irritando-se com tudo que é superior. É preciso reconhecer que tão ou mais difícil do que adquirir a fama, é saber conservá-la e, neste particular, o remédio está mais perto do que se imagina: quem não tem vaidade não desperta a dos outros contra si.

Eis-nos diante de um princípio da Natureza: "Similis simile curantur", ou seja, até o veneno pode ser o melhor antídoto para o veneno.

A fragilidade da ciência

A) A corrupção da ciência pela vaidade humana
A especulação apresenta-se com um semblante desinteressado, mas, paradoxalmente desdenhoso: na melhor das hipóteses, trata-se de uma ignorância bem-educada. Toda ciência se corrompe no homem já que este é um poço de iniquidades que infecciona tudo que passa por ele. A ciência acha no homem propensão para a vingança, para a ira, para a ambição e para a vaidade.
B) Em busca da ciência perdida
Os conhecimentos obtidos pelos povos e revestidos com nomes pomposos como Filosofia, Geometria ou Álgebra, é trabalho de toda vida: deste modo, antes que qualquer ciência se introduza em nós, tem tempo para se adjetivar

e se familiarizar conosco, para se consubstanciar com todos os nossos vícios. Por isso, quando as ciências chegam, não é para nos emendar e, se o fazemos, é em função de nossa debilidade. Comumente o que nos faz deixar os vícios, é a incapacidade de conservá-los e, mesmo assim, o que perdemos é o uso deles e, não a vontade: largamos o exercício, não o afeto; desistimos da ocupação, não da inclinação. A memória dos vícios passados, nos alimenta os vícios presentes.

C) As vicissitudes da imaginação e do pensamento

Só a imaginação não se entorpece facilmente, por isso, recebe as impressões do gosto e do pesar em toda sua força, em toda sua extensão: o pensamento é o lugar em que a natureza se concentra e se fortifica, tornando tudo muito mais visível e mais sensível.

D) A ciência e a essência

A ciência é como um cristal claro que posto sobre uma má pintura, lhe dá mais brilho, mas não a melhora: a luz que é símbolo da perfeição, não aperfeiçoa nada daquilo que ilumina. Cada coisa guarda seu defeito original, por isso, é preciso preservar sua integridade para não descaracterizar sua essência. Regulamos tudo pela nossa sensibilidade e é aí que costuma haver engano na nossa ciência: miserável instrumento, mil vezes falso e enganoso! A ignorância tem produzido menos erros que a ciência já que esta, o que nos habilita, é saber errar com método.

Ou, como nos ensina um famoso crítico de cinema: "A história da crítica não pode ser simplesmente uma série de erros com alguns poucos palpites felizes ou coincidências fortuitas para sustentar a ilusão de credibilidade: há uma lógica da falácia, um padrão no erro.

> *As ciências não costumam pacificar o mundo, mas sim desordená-lo. As disputas sobre opiniões são mais importantes que as matérias discutidas: elas não se encerram pela obtenção de um consenso, mas porque o tempo para disputar se esgota. Os litigantes acabam se contentando com a glória de contestar e com a vaidade de responder. O empenho da vaidade não está em descobrir a verdade, mas em ostentar uma erudição rabínica, e mostrar que na língua hebraica, a palavra* alma *nem sempre significou a* virgindade.
>
> *A vaidade da ciência não se acomoda em seguir, o que deseja é que a sigam; os sábios sofrem serem executores e não legisladores. Com efeito, a execução soa ser uma espécie de servidão pública, por isso, cada um se forma uma ciência particular. Desta sorte, vem a ciência a ser uma faculdade arbitrária e fundada mais no conhecimento dos casos que no conhecimento das leis.*
>
> *Célebre ciência, em que os ignorantes parecem que estão em melhor situação que os sábios! Estes veem tanto que a multidão das coisas que veem os confunde e cega: aqueles por enxergarem menos, veem mais. Tanto erra quem anda menos como quem anda mais; e tanto se desvia quem não chega ao lugar como quem o ultrapassa.*

Razumikhin, personagem de *Crime e Castigo* de Dostoievsky, bradava: "Quem mente chega à verdade! Mente para mim, mas mente a teu modo, e então te dou um beijo. Mentir a seu modo é quase melhor do que falar a verdade à moda alheia". Até para mentir (ou errar), é preciso ser autêntico, ou seja, domesticar o desejo mimético.

> *Algumas virtudes existem que são vícios moderados; a temperança é como uma raia que está entre o vício e a virtude e que distingue o bem do mal; nas ciências também se peca por se saber nelas mais do que se deve saber. A nossa compreensão não é infinita; depois que recebe uma certa porção de inteligência, fica sem poder receber mais, e se se lhe quer introduzir com violência, cansa e fica como imbecil e enervada.*

Talvez, por isso, Bion propõe, como cerne da metapsicologia, não a dialética freudiana entre consciente/inconsciente, mas a dialética finito/infinito.

> *Uns fazem vaidade de serem infalíveis, outros também se desvanecem de mostrarem que não o são: deste gênero são poucos, porque a vaidade de desprezar a vaidade é muito rara, e em si mesmo estimável.*

A volubilidade das ideias

> *Em que ponto os sábios concordam: qual a doutrina que gera unanimidade, qual sistema convêm a todos, qual o princípio em que todos se fundam? Só a vaidade atende a estes critérios.*

O homem entrega-se a qualquer desatino pela vaidade de encabeçar um drama ou opinião. Vejamos qual tem sido o destino da Filosofia, considerada a primeira das ciências. Os discípulos de Aristóteles dividiram-se em duas seitas: os Nominais *entendiam que as naturezas universais eram etiquetas com um nome; para os* Realistas, *eram coisas que existiam na realidade. O frade escolástico escocês John Duns Scot (1266-1308) era o líder dos* Realistas *que seguiam literalmente Aristóteles. William of Ockham (1288-1347) foi um frade franciscano e teólogo, cognominado o "doutor invencível" ou "o iniciador venerável" que liderou a escola* Nominalista *que não admitia nenhuma entidade supérflua, exaltando o princípio que a natureza não faz nada em vão.*

Na Alemanha, a vaidade de ambos os partidos exacerbou-se a ponto de virar uma guerra viva, fanatismo este que atingiu a França a ponto de Luiz XII determinar que os livros dos Nominalistas *ficassem trancafiados nas livrarias. O Concílio de Paris (1209) proibiu totalmente a leitura de Aristóteles, condenando seus livros ao fogo: este o resultado das disputas fratricidas de seus discípulos. Seu resgate só ocorreu em 1366 sob orientação de Urbano V, quando a Universidade de Paris liberou a leitura, com exceção da sua Física.*

Gradualmente, a filosofia de Aristóteles foi perdendo seu brilho, sendo substituída por novas seitas, como a de Descartes, levando as filosofias a se apoiarem nas Matemáticas. Hoje, não se conclui um silogismo, se não for fundado em alguma demonstração geométrica; na Física, não importa o que se diz, mas sim o que se vê;

é indiferente propor que um Meteoro procede desta ou daquela causa, isto precisa ser demonstrado por meio de alguma experiência ou instrumento. Um alambique, um eolípilo, uma máquina pneumática e a mistura de várias substâncias, explicam mais em uma hora, do que um professor de filosofia em muito tempo: o entendimento percebe melhor ajudado pelos olhos do que só por si.

Eolípilo = espécie de turbina acionada sob ação do vapor de água.

A vaidade dos primeiros mestres, continuada em seus sucessores como herança, foi a fonte onde nasceram as ciências; mas, a vaidade que resulta das ciências, é vaidade de homens livres, pois que vaidade pode haver num escravo? Seja ele valoroso ou sábio nada disso é seu: a vaidade que ele pode ter, também pertence ao Senhor. O edifício, a carruagem triunfal, o alfanje, o pêndulo são instrumentos incapazes de ter vaidade; só o Senhor usufrui de sua submissa bondade. Se há autômatos no mundo, estes são os escravos.

A vaidade das letras é maior que a vaidade das armas: estas, apesar de sua maior pompa e admiração, assemelha-se ao raio que se extingue num instante. A vaidade das ciências, por ser uma vaidade pacífica na aparência, não deixa de ser altiva e arrogante. As armas fazem o rumor, as letras o estrago; as armas fazem o mal, mas acabam com ele, porém, o mal causado pelas letras é duradouro; a espada nem sempre pode usar de força e traição, a pena sempre pode ser traidora e pérfida. Por isso, as letras são de algum modo inexpugnáveis e, por con-

sequência vaidosas, porque o ser invencível precisamente incute vaidade. As letras não avultam pelo que são, mas pelo que soam; regulam-se pelo aparato e não pela substância; estimam-se pelo que parecem, e não pelo que valem: o que há nelas de agradável, é o que fica exposto à vista e, por isso, ornado de emblemas, de harmonia, de correspondência e figuras: o mais é um labirinto informe e rude, indigesto; o metal polido aplicado fora, não deixa ver por dentro o pau opaco e sem valor.

A metáfora teatral

A sabedoria humana é como a cortina do teatro. Nela se veem pintados primorosamente hieróglifos, medalhas, inscrições e atributos e é com isto que a vista se encanta e o coração se impregna de um respeito ou medo venerável. Mas se algum impaciente ou indiscreto força a cortina e entra, o que vê é um lugar escuro, bagunçado e sem asseio; vê atores cobertos com roupas miseráveis, mas outros, empunhando em cetro e em roupa de gala; iluminados por uma luz bruxuleante, tentam extrair de papeis imundos as palavras que a memória insiste em lhes sonegar. Outros, então, exercitam diante de um espelho sombrio a cadência de passos, de ações e de gestos enquanto revestem seus semblantes de alegria, tristeza, ou de um ar de soberania e justiça. Vê atrizes tentando disfarçar os estragos do tempo com artifícios milagrosos, como as serpentes ao trocarem suas peles: todas num espelho portátil estudam o amor, o desdém, a severidade, os contentamentos, as lágrimas. São aprendizes do cristal, mestre mudo e fiel a ensinar a propriedade, o ar e a graça: mas o ar é vão, a graça enganosa e a propriedade falsa. Mas o representar é mentir, quem mais se distingue é quem melhor exprime o que não sente, e quem parece melhor o que não é. A arte não estar em imitar, mas em aparentar. O homem não vem ao mundo mostrar o que é, mas o que parece; não vem feito, vem fazer-se; não vem ser homem, vem ser alguém graduado, ilustrado e inspirado. De sorte que os atributos com que a vaidade veste o homem, eclipsam este homem rebaixando-o ao mero acidente: o véu que esconde se confunde com a coisa escondida, levando-nos a confundir o homem com sua guarnição.

A vaidade e a sorte são as entidades que governam a farsa da vida: ninguém escolhe seu papel, cada um se insere no teatro com a pompa da vaidade ou com as roupas da sorte ou do azar. Tudo que a vaidade cola ao homem é emprestado, fingido, suposto e exterior.

As vaidades do mundo são encenadas num teatro maior, entre elas a vaidade das ciências: o homem mal se entende a si, mas acha que entende a mecânica dos céus; ignora sua própria composição, mas crer saber do que se compõe a terra. Vê um corpo sabiamente organizado, e nele reconhece vontade, inteligência, ira, aversão, vaidade, desejo, esperança, amor; tudo distingue com nomes diferentes: paixões, sístole, diástole, espíritos vitais, úmido, radical. *Nos iludimos que esses sejam nomes de coisas e não dos seus efeitos. Quem sabe a origem do agrado da harmonia e do desagrado da dissonância?*

O homem: um agente improvisado

A Providência reservou para si os primeiros princípios e os primeiros movimentos: o homem só ficou exposto a eles para os admirar, não para os saber.
Os sábios da terra não são os mais indicados para governá-la. As maiores crueldades, ou foram feitas ou aconselhadas pelos Sábios: estes quando persuadem o mal, é com tanta veemência, e tão eficazmente, que as pessoas de boa fé buscam e praticam este mal como por entusiasmo, sem o reconhecerem. O erro na mão de um sábio é como uma lança forte e penetrante; na mão de um ignorante, é como uma arma quebrada, sem uso nem consequência. As coisas parecem usufruir mais da forma que se lhes dá, do que da natureza que têm: não nos interessa a substância do mármore, mas sim ao seu polido (a dureza importa menos que a figura). São as ciências que dão brilho às coisas, e sempre, aquele que lhes apetece: ou duvidoso, ou falso, ou verdadeiro – a vaidade é o artífice.
Os Heróis são os que combatem, vencem e conquistam; os sábios, são os que de algum modo reinam e governam. O trabalho no perigo é dos Heróis; aos sábios, cabem os frutos; aqueles contentam-se com a glória da vitória, estes se satisfazem com a utilidade da vitória. Uns reservam para si a vaidade do nome, outros só querem usar a sua autoridade – o guerreiro semeia sangue, para o sábio colher flores. As flores nascem no campo e os raciocínios nascem em nós: as flores são felizes, pois foram produzidas na terra humilde ainda cheia da sim-

plicidade virginal e, por isso mesmo, incapaz de vaidade; os raciocínios são infelizes já que, nascendo em nós, surgem de um lodo pecador, de uma terra ingrata, impura e adulterada.

O antídoto à ilusão de que quanto mais se enxerga, mais se sabe, está no comedimento: neste caso, a sabedoria está em se poder retornar ao estado de ignorância à maneira de alguém que retrocede para buscar o que perdeu. Um vento muito forte, ainda que seja favorável, é tormenta; a luz, nem por ser muito intensa, é mais clara: a nossa compreensão não é infinita e, após uma certa porção de inteligência, se apaga. A multiplicidade de arrazoados que compõe o arsenal do sábio acaba desembocando em adiamentos, irresoluções e perplexidades. Assim governam os doutos, boiando em incertezas e mudando suas decisões: o que um fez, o outro emenda e, muitas vezes é assim que surge o erro. Em todos fica constante a vaidade da ciência: uns se envaidecem de serem infalíveis, alguns poucos espalham que não o são – são raros os que cultivam a vaidade de desprezar a vaidade.

Uma emoção sorrateira

A vaidade é cheia de artifício e se ocupa em tirar da nossa vista e da nossa compreensão o verdadeiro ser das coisas, para lhes substituir um falso e aparente. De que serve a púrpura se não para encobrir o homem a si mesmo e, uma figura simples, comum e igual a todos, mostrá-la

> *desfigurada, e outra debaixo de um véu puramente exterior? Tudo que se esconde adquire um caráter de mistério, gerando, por isso, veneração e respeito: a vaidade foi o primeiro artífice que inventou o distinguir os homens pela especialidade do ornato e pela singularidade da cor. Se nem o amor, nem a ambição, nem a grandeza puderam conquistar um coração, aí surge finalmente a vaidade, como sempre invisível, mas acompanhada de um séquito de paixões disfarçadas: desejos, dissimulações, preguiça e a inveja, todas embaladas numa roupagem modesta e trazendo no semblante, um ar humilde; já a vingança, a soberba, a rapina e a altivez vêm cobertas por nuvens de várias cores. É assim que a vaidade se introduz enganosamente, transfigurando os vícios para torná-los apetecíveis, de modo a instalar-se em nós como um inimigo oculto e traidor. Somos sábios para tudo, menos para nós mesmos: é muito difícil aprendermos a arte que nos livre da presunção; até o espelho, só é aceito quando nos exalta, nunca quando revela nossas deformidades.*

Subornar o espelho é prática corrente denunciada por autores de peso como Xavier de Maistre, Machado de Assis e Jorge Luis Borges.

> *O mundo está tão pervertido, que a bondade dos homens não se estabelece pela razão de serem bons, mas pela razão de não serem maus. Tudo se inclina para o que não deve ser: por isso, daqui a pouco, não conseguiremos mais nos admirar que as fontes desemboquem no mar; que o fogo ainda queime; que o ar ainda se mova; que a terra ainda fertilize.*

> *Assim, as pessoas estão tão corrompidas que simulam parecer virtude uma simples obrigação que se cumpra, uma dívida que se pague, ou uma verdade que se diga: a distorção é tal, que a vaidade consegue até infiltrar-se no ato corriqueiro de se entregar ao dono, aquilo que lhe pertence. Quantas injustiças não terá cometido a vaidade com o pretexto de fazer justiça: a mesma vaidade que inspira a retidão, também a embaraça.*

A negativização dos vínculos básicos entre os objetos, proposta pela psicanálise, sugere ser o narcisismo a negação do amor, a hipocrisia a negação do ódio e o filistinismo a negação do conhecimento.

> *Mesmo que o magistrado esteja revestido de um semblante rugoso, implacável, adverso e truculento; que se mantenha taciturno, áspero e severo; que fale com um ar de soberania – é preciso nos conscientizarmos que nada disso pertence intrinsicamente à sua natureza, mas sim à natureza da vaidade.*

Na formulação de Sartre, o *ser-por-si mesmo*, aquele que encarna uma aparência, "é um ser que é o que não é, e não é o que é".

> *Para a vaidade, uma ação ilustre, mas feita em segredo, é vista como infeliz; a virtude escondida no anonimato é considerada perdida, ou mesmo, morta. O terreno da vaidade tem outra consistência, pois, para ela, não importa o que as coisas são, mas sim que pareçam grandes, sem fazer distinção entre o louvor extorquido e o louvor merecido.*

Vaidade, consciência, justiça

A vaidade e a consciência são forças não só opostas, mas de índole diversa, pois poderíamos dizer que uma aproveita a noite para esconder seus desígnios espúrios, enquanto a outra, aproveita a luz do dia para difundir a justeza de suas percepções, mesmo que obtidas de forma estremecida e assombrada. Então, a ouvimos suspirar dentro de nós qual um gemido queixoso ou um eco triste: só então, podemos ver aquela luz serena e pura, a luz da justiça e da razão. Quem diria que no templo da divindade, o ídolo poderia infiltrar-se em busca do seu culto? Mas, que importa? A vaidade distorce a distância entre o vício e a virtude, conferindo alguma sombra à verdade, algum pretexto ao vício e alguma cor à injustiça: e assim, enquanto houver cores, sombras e pretextos, hão de padecer a verdade, a justiça e a virtude.

Na ciência do julgar, podemos, eventualmente, desculpar o erro do entendimento, mas o da vontade nunca: o entendimento pode errar, mas só a vontade pode delinquir. Comumente desculpamos os julgadores por admitirmos que suas conclusões nasceram do entendimento quando, na verdade, são filhas da vontade: não basta constatarmos o parto, é preciso também vislumbrar a autenticidade da sua essência. De fato, que importa se a corrupção procede de um princípio conhecido, ou de um princípio oculto: o efeito da corrupção é sempre o mesmo. A consequência da injustiça também vem a ser a mesma: o mal que se faz por vaidade, não é menor do que aquele que se faz por interesse.

O satirista romano Juvenal (c.60-130) já alertava que, "Se quero algo, parto para a ação: permito que minha vontade justifique minha razão".

> *O magistrado prudente é severo, sem injúria nem dureza; inflexível sem arrogância, reto sem aspereza nem malevolência; modesto sem desprezo, constante sem obstinação; imune à réplica mecânica sem furor, e douto, sem ser interpretador, subutilizador ou legislador. Seu caráter é cândido, sincero e puro; é alegre e afável por natureza, mas reservado por obrigação de ofício; é sensível ao divertimento honesto, mas sem usufruir dele, por dever de circunstância; em tudo é moderado, civil, circunspecto, diligente, laborioso e atento. A razão é a sua regra, ele a segue e aclama em qualquer lugar que a ache. O julgador benigno pode expor sua vida, pois seu elogio público só depende da verdade: ele mesmo é o seu elogio. Portanto, o magistrado que se guia por uma fiel jurisprudência só quer saber o "como se deve julgar", e não o "como se pode julgar": só assim, a justiça e a razão serão encontradas em seu estado de inocência e pureza. Conclusão: por admitir o louvor à razão e não a si mesmo, torna-se imune à vaidade: esta que, em todos os homens, é um afeto ou paixão inevitável, nele perde sua força, caminhando a reboque da razão.*

Uma genealogia da Nobreza

É tácito que os homens, quando vêm ao mundo, já trazem um sinal de distinção e diferença que garante alguma originalidade. Daí parece resultar uma forte indução a favor da Nobreza originária. Mas é débil o argumento extraído de uma distinção visível, constante e material comparado com outra que é somente imaginária; de uma que se faz naturalmente, com outra que se fabrica socialmente; de uma que é da instituição do mundo, para outra que é da instituição dos homens; de uma que é totalmente independente, para outra que é arbitrária; de uma que tem por princípio a Providência, para outra que procede da sorte. E, finalmente, de uma que é fundada em regras infalíveis, para outra que se funda somente na Vaidade. É aí que a conclusão tirada da semelhança não convence.

Com um único tipo de imprensa podemos reproduzir uma infinidade de letras iguais ou semelhantes, mas nem por isso possuidora da essência do caráter impressor: este imprime, mas não se transmite; confere semelhança, mas não doa a substância do metal de que é composto. Muitas estampas provêm de mesmo molde, mas sua semelhança se resume em reproduzir seu contorno. Mas, o produzir algo não é a mesma coisa que reproduzir: a sombra aparece quando há uma luz e um corpo, mas, nem por isso, encerra em si qualquer propriedade da luz e do corpo.

A Vida, ou o espírito vital é transmissível, bem como a Nobreza que a acompanha. Porém, é preciso atentar que a vida não é transferível, muito menos a Nobreza que só tem existência mental: só se transfere o que existe fisica-

mente. A Vaidade desperta a imaginação ou a ideia de Nobreza, mas esta não é herdada, mas sim adquirida: para que alguém constate que a possui, ou não, antes é preciso imaginá-la. O que se ganha ou perde, nesta imaginação, é um pensamento: este, quando falso, não tem menos consistência do que quando verdadeiro, já que, nas coisas vãs, a verdade não vale mais do que mentira.

A Nobreza foi a maior máquina que a vaidade dos homens inventou: máquina admirável porque, apesar de grande, é toda composta de nada. As outras vaidades parecem menos vãs por possuírem algum elemento manifesto e visível: por isso mesmo a Nobreza é uma vaidade incurável, já que invisível. Mas que importa que uma coisa seja nula, se os efeitos que ela produz tenha alguma valia? Os efeitos da Nobreza são muitos: ela dá merecimento, valor e saber para os que não o tem; ela transforma em venerável, quem não o merece; faz com que o crime fique impune, que a desordem se encubra e se disfarce; e que a soberba, a arrogância e a altivez, fiquem parecendo naturais e justas. Se por um lado, a vaidade da nobreza acaba se desvanecendo com a vileza das ações, por outro, o vilão ainda pode transformar o limão em limonada, e daí, extrair novas provas de Nobreza. Cria-se um duelo surdo, entre a Nobreza desvirtuada e aquela impoluta, cuja missão é servir de estímulo e companheira das virtudes; enobrecer as ações ilustres e não servir para ilustrar as viciosas; para servir a razão, e não para dominá-la; para fornecer exemplo e não regra; para os distinguir pela nobreza do espírito e não pela nobreza da carne: finalmente, para tornar mais clara a luz e não para clarear a sombra.

A Nobreza não deixa de ser filha do tempo e da vaidade. Os antigos entendiam por Nobre um Herói, isto é, um homem que se distinguia por si e não pelos outros, que possuía qualidades pessoais e não hereditárias. A Vaidade pode aumentar com o tempo, mas a Nobreza não.

Uma reflexão sócio-histórica

A vaidade parece ter surgido na Europa como reação a uma decadência que, nos bárbaros, estava cristalizada numa visão parcial que só enxergava no sangue componentes físicos: mais ou menos líquido, mais ou menos cor. Destes dois princípios, fizeram resultar todas as mudanças passíveis de ocorrer neste elan vital e, por extensão, no próprio homem. Consta que os sábios árabes como Averróis e Avicena, bem como os gregos, Hipócrates e Galeno, não conheceram a circulação do sangue.
Os cientistas que os sucederam, não só fizeram esta grande descoberta, como garimparam no sangue não só elementos que compõem a sua constituição física, mas outros que compõem uma natureza espiritual que, ao que parece, a própria Natureza desconhecia ou não registrava. Assim, aos aspectos materiais sujeitos às leis da hidrostática e do equilíbrio, se contrapunha um líquido espirituoso, vital, sensitivo. A mesma arte e os mesmos ingredientes com que a Natureza se serve para formar o sangue de uma pomba rústica ou de um cordeiro manso, são utilizados na confecção do sangue de um leão, um elefante

ou de uma águia. Se o leão esmorece é porque depende da força, e não porque tem sangue de leão: é então comparado ao cordeiro débil, mas não a outro leão. Se o elefante fosse presunçoso, seria por ter uma corpulência maior do que outros animais de menor compleição, e, não por ter sangue de elefante. Se uma águia se vangloriasse, seria por subir mais alto que o cisne úmido e pesado e não por ter o sangue de águia.

Não é o que se passa com o homem: o seu esmorecimento, a sua presunção e a sua vaidade, sempre estarão dirigidos aos demais homens. É no sangue que localizam as singularidades ou a superioridade de uns em relação aos outros; é ali, naquele licor, que se puseram o assento ou da nobreza ou da barbárie. Coube às nações europeias constatar, com mais engenho e estudo, que há um sangue humilde, vil, abjeto e baixo; e que há outro nobre, ilustre, preclaro e esclarecido. Mas se perguntar a um sangue quem o fez humilde, e a outro, quem o fez nobre, o primeiro há de responder que uma pobreza cruel e intensa o envileceu; já o segundo se sentirá lapidado por uma riqueza intensa e pomposa. Quem diria que é o acaso e a sorte que talham o sangue? Não bastasse que esta fortuna sustentasse aquilo que nos rodeia, ainda acreditamos que ela possa nos proteger de dentro de nós!

A luz quando nasce é débil, porém, insensivelmente, se fortifica; nenhum rio se mostra logo como mar; uma chama ativa se denuncia pelo próprio fumo que produz. Não é assim com a vaidade da nobreza, pois a esta o que convém é ter uma origem impenetrável para que não apareça vestígios de miséria ou vileza em sua implantação: portanto, a vaidade da nobreza é uma construção supersticiosa que nasce da vaidade do luxo, da vaidade da arrogância e da vaidade da fortuna.

A nobreza e a vileza são substâncias incorpóreas, por serem vãs e, se é verdade que podem estar no sangue, há de ser por algum método intelectivo, imaterial e etéreo. A inexistência da nobreza ainda é menos que a inexistência de uma sombra, porque esta, ao menos, é um nada que se vê: a imaginação pode fingir uma ilusão de nobreza, mas nunca conseguirá injetá-la na veia. Por mais que a vaidade finja, invente e dissimule, tudo são imagens supostas e fingidas; tudo são opiniões que todos sabem que são falsas; tudo são sonhos de homens acordados.

Não é difícil produzir-se uma árvore genealógica onde pudéssemos colocar os ilustres antecessores da nobreza humana, onde estariam pendurados nos troncos e nos ramos a figura de varões ilustres condecorados com armas, escudos, títulos e troféus, mas tudo sem ação nem movimento: tudo ali estaria arranjado menos para ilustrar as virtudes que para deliciar a vaidade; menos para incitar o desejo do mérito, que para servir de lisonja à ociosidade da memória; menos para estímulo da imitação, do que para despertar o orgulho. Aquele é o lugar em que a Nobreza se mostra, vestida de pompa e circunstância, ali é finalmente onde há vaidade, que como num famoso labirinto, tenta medir o ar, pesar o vento e apalpar as sombras.

A História é uma das provas que a vaidade mais invoca para atestar a autenticidade da Nobreza: prova incerta, duvidosa, fingida e, muitas vezes, falsa ou fragmentária. Mas quantas menções fará a história a ações que nunca aconteceram; de quantos heróis anônimos que não encontraram um poeta ou um historiador para eternizar os seus feitos como denunciado pela ode de Horácio?

De fato, o poeta latino indagou com paixão: "Quantos heróis viveram antes de Agamenon, que, não tendo sido cantados, se perderam na escuridão da história?".

> *O desejo de contar coisas admiráveis, e a vaidade que o historiador tem de manifestar que as sabe, é que o leva a inventar, e divulgar, sucessos fabulosos, para granjear a admiração de leitores crédulos e inocentes. Outras vezes, entram em contradições em função das conveniências: Procópio de Cesareia, na sua história relata imensos louvores ao Imperador Justiniano e à Imperatriz Teodora, mas, na sua Anedocta (crônica da corte), os critica intensamente. Quantas versões existem sobre a Guerra de Troia? Umas a tomam por verdadeira, outras afirmam não passar de fábula bem elaborada.*

Na visão de T.S. Eliot (1888-1965), a História é prenhe de passagens ardilosas e de corredores apertados, nos enganando com ambições sussurrantes, ou seja, nos guiando por vaidades.

> *A História profana parece não ter sido feita para instruir, se não para enganar. Essa mesma história é onde a vaidade da nobreza instala o seu princípio e de onde extrai as provas que mais a encantam. Este tipo de vaidade é universal, mas a própria vaidade da nobreza está sujeita a decadência, como ocorreu quando a luz da verdade desterrou as trevas do paganismo, emudecendo a voz dos*

Oráculos. Na Grécia, pátria comum aos heróis, foi onde a vaidade da nobreza quis elevar-se acima das Estrelas: Eneias dizia ser filho de Vênus, Aquiles de Tetis, Faetonte de Apolo, Alexandre e Hércules de Júpiter.

5. Carta sobre a Fortuna

Em 1778, portanto quinze anos após sua morte, às edições das "Reflexões" foi acrescentada uma "Carta sobre a fortuna" para um amigo que lamentara a má sorte de Matias Aires. Neste libelo confessional de tom claramente justificativo, ele invoca uma pretensa teoria da predestinação onde imputa seu fracasso aos giros desfavoráveis da roda da fortuna. Para nos impregnarmos da atmosfera melancólica e queixosa, ali reinante, creio oportuno acompanharmos alguns de seus trechos:

> *Conheço a fortuna, sem que a Fortuna me conheça; e quando a vejo é de tão longe, que impossível é que ela chegue a mim, nem eu a ela, somos inacessíveis ambos; verdade é que eu não a busco, nem a busquei nunca ansiosamente, porque sempre entendi ser um indivíduo menos próprio para ser favorecido; e além disto, a fortuna quer que a busquem com fé e audaciosamente. Ela se enamora da resolução constante com que a buscam, timidamente ninguém a encontra: entrega-se ao valor, e foge à covardia; quer que a rendam por força, não por suplicação, semelhante a uma mulher livre, que ainda quando se entrega por vontade, quer que pareça ter se entregado forçadamente. (1980, p.185)*

Tudo quanto a fortuna distribui, é por favor, e no que vem no princípio de favor não se dá positiva obrigação, salvo se a nossa presunção é tal, que entendamos seriamente que a fortuna nos deve algum tributo; e quem o entender assim, nisso mesmo mostra ser indigno da fortuna, e que esta não lhe deve nada; porque o querer merecimento próprio, é confissão ou prova de desmerecimento. (1980, p.186)

E assim nada espero da fortuna, nem a fortuna de mim pode esperar nada; porque o meu talento foi discursivo sempre, operativo nunca, e a fortuna quer obras e não palavras. Quer quem pratique mais e especule menos, porque toda especulação por si mesma é vã. (1980, p.189).

Não quero pois buscar a fortuna humana; e fiz bem de não a haver buscado. Quero estar livre, para acabar com liberdade. Não quero que as delícias da vida me sirvam de aumentar as amarguras da morte. Esta quando chegar, há de achar-me pronto, e sem ter fortuna para despedir-me. Não é caso de olhar para a ventura com olhos de saudade, porque não tenho ventura da qual me aparte, nem felicidade do qual o apartar-me me enterneça. As lágrimas não hão de ser pelo que deixo, antes hei de rir-me do pouco que tenho para deixar. Não hei de ter pena de que a minha fortuna acabe: basta que eu possa acabar com ela. Hei de imaginar e ver, que já tem fim a minha vida; mas não hei de sentir que tenha um fim as minhas fortunas. Estas não hão de estimular a minha dor, nem agravar o meu pesar. A morte não há de tirar de mim senão a vida: a pompa, o fausto e a

> *grandeza não há de tirar-me, porque nada disso tenho. (1980, p.204).*
> *Então, corrido o véu do desengano, este há de mostrar em um momento, que a fortuna não é mais do que um encanto enganador: um sonho mentiroso, uma aparência vaidosa. Eu, porém, a quem a morte há de achar sem aquelas circunstâncias, não tenho nada que deixar, nem tenho coisa alguma em que me seja custoso o desapego. Antes na morte hei de ganhar, o que na vida estou perdendo; porque das razões que tenho para sentir, a morte há de vir a resgatar-me: por isso hei de largar sem susto a cena, o Teatro. (1980, p.205).*

Os clamores, falam por si. É claro que a antítese da fortuna é o azar, ou mesmo a desgraça. De uma maneira explícita, sentimos aqui a despedida de um espírito que se entrega à sua finitude, a seu *memento mori*.

Porém, implicitamente, sentimos também o peso de sua contra identificação com uma figura paterna que se pautou não só por uma vida de aventuras, mas também de ações e realizações. Ao tentar imitar o pai sucedendo-o como *Provedor da Casa da Moeda*, Matias Aires entregou-se inconscientemente à profecia de Sêneca, para quem "O destino arrasta quem se opõe, mas guia quem consente".

O seu destino não era ser um filantropo ou um herói ultramarino como o pai, mas um moralista autodidata encarregado de introduzir seus semelhantes ao segredo da vaidade e depois, desaparecer nas névoas da eternidade como expresso em Salmos 143:4:

> *"Homo Vanitati similis factus est: dies*
> *Ejus sicut umbra praetereunt."*

ou seja,

"O Homem é constituído como a vaidade:
Seus dias são como uma sombra que se esfumaça."

6. Os "filósofos" moralistas

Há um certo consenso entre os críticos de que a principal influência incidente em Matias Aires, será encontrada na linhagem dos assim chamados "filósofos moralistas" que floresceram na França absolutista do séc. XVII, e que pode ser rastreada nas obras de Montaigne (1533-1592), La Rochefoucauld (1613-1680), La Fontaine (1621-1695), Pascal (1623-1662), La Bruyère (1645-1696) e Chamfort (1741-1794).

Em 1655, no auge do classicismo, La Rochefoucauld publicou suas *Máximas* com a função precípua de interpretar as verdades fundamentais da vida, tomando como objeto de suas observações a atmosfera de frivolidade, hipocrisia, corrupção e ambição desmedida imperantes na nobreza com a qual ele conviveu em função de suas amizades com figuras proeminentes da sociedade como M. de La Fayette e M. de Sevignè.

Ele privilegiou como fundamento da sua filosofia a convicção de que todo comportamento humano estaria escorado no *amor-próprio*, condição que desencaminharia todas as virtudes em função do interesse pessoal. Seu pessimismo figadal não estava lastreado no egoísmo humano, que ele aceitava como uma condição natural, mas sim na preguiça (*la paresse*) intelectual e espiritual do homem. O epíteto de moralista lhe foi atribuído por pretender demonstrar que em nossas ações há sempre uma mistura de verdade e erro, perfeição e imperfeição, virtude e vício: em suma, que em geral, o ser humano não seria essencialmente puro, genuíno e bom.

No intuito de nos permitir uma comparação com o estilo de Matias Aires, selecionei algumas máximas versando sobre temas relevantes como as paixões, as virtudes e os vícios, a morte, o convívio social a imitação e assim por diante:

- *As paixões são os únicos oradores que sempre persuadem. São como uma arte da natureza, cujas regras são infalíveis; e o mais simples dos homens, que tem paixão, persuade mais que o mais eloquente, que não a tem.*

- *A clemência dos príncipes muitas vezes não é mais que política para ganhar a afeição dos povos. Essa clemência, de que se faz uma virtude, ora é praticada por vaidade, algumas vezes por preguiça, muitas vezes por temor e quase sempre pelas três coisas juntas.*

- *Quando os grandes homens se deixam abater pela extensão de seus infortúnios, deixam entrever que os suportavam somente pela força de sua ambição e não por aquela de sua alma e que, excetuando-se sua enorme vaidade, os heróis são feitos como os outros homens.*

- *Transformamos muitas vezes em vaidade mesmo as paixões mais criminosas; mas a inveja é uma paixão tímida e vergonhosa que nunca ousamos confessar.*

- *O orgulho sempre se indeniza e nada perde, até mesmo quando renuncia à vaidade.*

- *Os anciãos gostam de dar bons conselhos, para se consolarem por não estarem mais em condições de dar maus exemplos.*

- *A virtude não iria tão longe, se a vaidade não lhe fizesse companhia.*

- *O orgulho não quer dever e o amor-próprio não quer pagar.*

- *Se a vaidade não acaba totalmente com as virtudes, pelo menos as abala a todas.*

- *As paixões mais violentas as vezes nos deixam em paz, mas a vaidade nos agita sempre.*

- *A vaidade nos induz a fazer mais coisas que a razão.*

- *A glória de morrer com firmeza, a esperança de ser deplorado, o desejo de deixar uma boa reputação, a certeza de libertar-se das misérias da vida e de não depender mais dos caprichos da sorte, são os remédios que não devem ser rejeitados: não se deve acreditar, porém, que sejam infalíveis. (Braga, A.C. 2011, p. 32-43).*

A obra prima de Jean de La Bruyère, *Os Caráteres e os Costumes deste Século*, publicada em 1688, insinuou-se sorrateiramente no gosto popular por constar como um modesto apêndice não assinado, a uma tradução da famosa obra *Caráteres* do filósofo grego Teofrasto. Em 1684, por influência de Bossuet, ele tornou-se tutor do Duque de Bourbon, o que lhe permitiu infiltrar-se na nobreza a qual, diga-se de passagem, ele acabou pertencendo pela aquisição de um título (Rochefoucauld, é bom lembrar também, pertencia à nobreza por hereditariedade).

Sua ampla visão de mundo trouxe dificuldade aos críticos que sempre oscilam em o classificarem como filósofo, sociólogo, antropólogo ou psicólogo. O fato é que sua simplicidade expositiva lhe permitiu atingir o cerne da ética cotidiana, usando em suas reflexões uma mescla singular de orgulho e timidez, de ambição secreta e de desprezo pelos ambiciosos, de desdém pelas honrarias e de consciência de ser digno delas. Seu estilo direto, áspero e ousado, transparece em frases curtas, bruscas e cadenciadas. (Braga, A.C. 2011, p. 85).

Seus retratos literários caracterizados por traços descritivos dos rostos, roupagens e atitudes dos personagens, granjearam-lhe fama, mas também desafetos:

- Gnathon comia com estardalhaço enquanto o molho ou a sopa escorria por sua barba.

- Thèodote lhe confidencia sussurrando que o dia está esplêndido.

- Gitou, o nababo, assoa o nariz ruidosamente e fala cuspindo.

- Phèdon, o pobretão, anda encolhido, tosse timidamente dentro de seu chapéu e cospe dissimuladamente.

A autoavaliação de sua obra é magnífica:

> *Restituo ao público o que ele me deu: dele tomei emprestado a matéria desta obra; é justo que, depois de a ter concluído com todo respeito pela verdade que sou capaz e que merece de minha parte, eu faça ao público esta restituição. Poderá contemplar com prazer este retrato, que dele fiz, segundo o original, e, se reconhecer alguns dos defeitos que aponto, procurar corrigir-se. É o único objetivo que se deve ter ao escrever e também o resultado que menos se deve esperar, mas, assim como os homens não desistem do vício, nem por isso se deve deixar de recriminá-los... Não são máximas o que pretendi escrever. São como que leis dentro da moral e confesso que não tenho suficiente autoridade nem bastante talento para me arvorar em legislador. Sei até mesmo que teria pecado contra o uso das máximas, que exige, à semelhança dos oráculos, serem curtas e concisas. Algumas dessas reflexões são curtas, outras são mais extensas: as coisas são pensadas de uma maneira diferente e são explicadas de um modo também diferente, por uma sentença, por*

um raciocínio, uma metáfora, ou qualquer outra figura, por um paralelo, por uma simples comparação, por um fato completo, por um só traço, por uma descrição: disto procede a extensão ou a brevidade de minhas reflexões. Aqueles que se dedicam a escrever máximas, querem ser acreditados. Eu, ao contrário, concedo que digam de mim às vezes que não observei bem, desde que me provem ter observado melhor que eu.

Aproveitando esta última provocação que La Bruyère lança a seus leitores, selecionei algumas de suas máximas que, suscitaram em mim associações despretensiosas:

O filósofo emprega a vida a observar os homens e cansa seu espírito a reconhecer-lhes os defeitos e o ridículo. Se em seguida exprime suas opiniões é mesmo por vaidade de autor do que para revelar à luz do dia a verdade que descobriu, necessária para impressionar e que deve servir a seu objetivo.

Notamos aqui, que para revelarmos uma verdade, precisamos, muitas vezes, superar uma intimidação de estarmos nos vangloriando de nossa percepção.

Os tolos leem um livro e não o compreendem; os espíritos medíocres julgam compreendê-lo perfeitamente; os espíritos superiores não o compreendem às vezes totalmente: acham obscuro o que é obscuro, como acham claro o que é claro; os pedantes querem achar confuso o que não é, e não compreendem o que é claramente inteligível.

Percebemos aqui, de forma suscinta, como as percepções sofrem transformações íntimas em função da personalidade que as recebem.

> *Todo o escritor, para escrever corretamente, deve colocar-se no lugar de seus leitores, examinar sua própria obra como alguma coisa nova, que lê pela primeira vez, na qual não toma parte alguma, e que outro autor submetesse à sua crítica: e convencer-se em seguida, de que não somos entendidos só porque nós entendemos, mas porque o texto é de fato inteligível.*

Na introdução de seu livro *Aprendendo da Experiência*, o psicanalista Bion alerta o leitor para seguir adiante em trechos que parecem ininteligíveis, apostando que o avançar da leitura possam esclarecê-los. Sugere também que, muitas vezes, a falta de clareza é intrínseca ao conceito, e não à preguiça do autor que pretende transferir o trabalho ao leitor.

> *Só devemos procurar em nossos amigos a virtude que nos une a eles, sem pensar em sua boa ou má sorte. Quando nos sentirmos capazes de acompanhá-los em sua desgraça, devemos então frequentá-los com ousadia até em sua maior prosperidade.*

Em resumo, o que está sendo aqui sugerido com elegância, é que é preciso termos temperança até na administração das amizades.

> *De tempos em tempos aparecem neste mundo homens raros e preciosos, que brilham por sua virtude e de cujas qualidades eminentes emana um esplendor prodigioso.*

Semelhantes a essas estrelas extraordinárias das quais se ignora as causas e das quais não se sabe o que se tornam depois de desaparecer, eles não têm antepassados nem descendentes: sozinhos compõem toda a sua raça.

No meu entender, estes "seres avulsos", prescindem de pais, pois albergam a capacidade extraordinária da autogeração, contorcionismo filogenético que os qualificam como porta-vozes de sua espécie.

De todos aqueles que se acotovelam em torno dos grandes e lhe fazem a corte, um pequeno número os honra de coração; um grande número os procura em vista de ambição e interesse; um maior número ainda por uma ridícula vaidade ou por uma tola impaciência de fazer-se notar.

Com um pouco de sensibilidade, torna-se fácil detectarmos com qual categoria se está lidando: o "papagaio de pirata", por exemplo, traz estampada a imperfeição oportunista.

Para o homem, só há três acontecimentos: nascer, viver e morrer. Não se lembra do nascer, sofre para morrer e esquece de viver.

Toda "sabedoria lacônica" atinge seu alvo de um só golpe: é cruel estar-se vivo e constatar que esquecemos de viver.

Há uma espécie de vergonha em ser feliz diante de certas misérias.

Eis-nos aqui diante do inverso do "schadenfreude", aquela expressão alemã que designa o deleite silencioso com a desgraça alheia, e que Nietzsche definiu como "a vingança dos impotentes".

> *É espantoso que, apesar de todo orgulho que nos infla e da elevada opinião que temos de nós próprios e da excelência de nosso juízo, negligenciemos e nos servimos dele para apreciar o mérito dos outros. A moda, a simpatia popular, nos arrastam como uma torrente: elogiamos aquele que é elogiado, bem mais do que o merece.*

Não deixa de ser auspicioso, percebermos que o "desejo mimético" sempre esteve presente nos assuntos humanos, talvez até, como uma pré-concepção de sobrevivência.

> *Aqueles que, sem nos conhecer bastante, pensam mal de nós, não nos prejudicam; não é a nós que atacam, mas sim o fantasma de sua imaginação.*

Os filósofos moralistas, como não podia deixar de ser, tinham uma intuição natural a respeito da metapsicologia psicanalítica que nos expõe aos meandros da economia psíquica.

> *A tortura é uma invenção maravilhosa e muito segura para perder um inocente de saúde fraca e salvar um culpado que nasceu robusto.*

Que belo enunciado para nos apresentar aos paradoxos da negatividade: "nem tudo que brilha é ouro!".

7. Vaidade: a sedução pelo desejo mimético

René Girard (1923-2015) foi historiador, crítico literário, antropólogo, filósofo, teólogo, sociólogo e filólogo francês, criador do conceito de "desejo mimético" a partir do seu livro *Mensonge romantique et verité romanesque* (Mentira romântica e verdade romanesca - 1961). Nascido em Avignon, imigrou para os EUA em 1947, tendo trabalhado e ensinado na Duke University, Johns Hopkins University, State University of New York, Stanford University, contando atualmente, com um séquito de seguidores em várias partes do mundo.

No Brasil, seu mais entusiasta estudioso é o Prof. João César de Castro Rocha, Titular da Cátedra de Literatura Comparada da UERJ, e organizador da Biblioteca René Girard, que já publicou vários livros sobre a Teoria Mimética, inclusive uma esclarecedora entrevista com o próprio Girard quando de sua segunda visita entre nós (*Evolução e Conversão*. SP: Ed. É Realizações, 2011): ali encontramos uma descrição alentadora da tentativa de combinar a Teoria Mimética com a Teoria da Evolução de Darwin.

Os estudiosos de Matias Aires são unanimes em reconhecer que a teoria do pensador francês é um excelente instrumento hermenêutico para suas reflexões sobre a vaidade, apesar dele o ter desenvolvido a partir de um grupo seleto de literatos europeus, de referências filosóficas variadas, da utilização de diferentes tradições mitológicas e da interpretação de textos bíblicos, sem nunca ter mencionado o escritor luso-brasileiro.

Um bom panorama de como as reflexões de nosso filósofo moralista se casam com a Teoria do Desejo Mimético, nos é fornecido pelo texto "Matias Aires: um autor romanesco brasileiro do século XVIII" de Christiano Galvão (http://renegirard.com.br/blog/?p=409), de onde extrairei alguns trechos esclarecedores:

> *Logo de início, temos a reflexão de que a vaidade humana (assim como o desejo mimético) oculta-se num desconhecimento, ou como viria a dizer Girard, numa* méconnaissance *de si mesma: "De todas as paixões, a que mais se esconde é a vaidade; e se esconde de tal forma, que a si mesma se oculta e ignora" (Aires, M.:* Reflexões sobre a Vaidade dos Homens. *SP: Ed. Escala, 2010, p.23).*
>
> *Ou então, numa passagem onde a teoria do desejo mimético ganha uma descrição* avant la lettre, *ele afirma que o vaidoso não se dá conta que seu desejo não é espontâneo, mas, suscitado imperceptivelmente pela vaidade alheia, ou seja, pela imitação dela: "Resulta vaidade como contágio contraído no trato e conversação entre os homens. O nosso entendimento facilmente se infecciona, não só com as opiniões próprias, mas também com as alheias; não só com as próprias vaidades, mas também com as dos outros. Não sei se não seria mais útil aos homens serem incomunicáveis" (ibidem p.37).*
>
> *A vaidade humana é, no fundo, motivada pelo desejo metafísico de ser reconhecido pelo outro, já que a estimação alheia "é um objeto vago, que não tem figura pró-*

pria em que possa versar" (ibidem p. 50). Isto confirma o entendimento girardiano de que os objetos de desejo do vaidoso não passam de um meio de atingir o outro, de fazer-se um outro, *quebrando o intolerável sentimento de igualdade ou de indiferenciação que solapam qualquer vaidade. Assim, a diferenciação seria a função social da vaidade: "A diferença e desigualdade dos homens é uma das partes em que se estabelece a sociedade, por isso esta se funda em princípios de vaidade. Só a vaidade sabe corporificar ideias e fazer diferente e desigual, o que é composto por um mesmo modo e organizado de uma mesma forma" (ibidem p.31).*

Girard produziu um esquema triangular para explicitar sua Teoria do Desejo Mimético: à esquerda estaria situado o Sujeito Desejante; à direita, o Objeto Desejado; em cima o Modelo-Mediador, a instância intermediária que, veladamente, impele o Sujeito a se apropriar do Objeto:

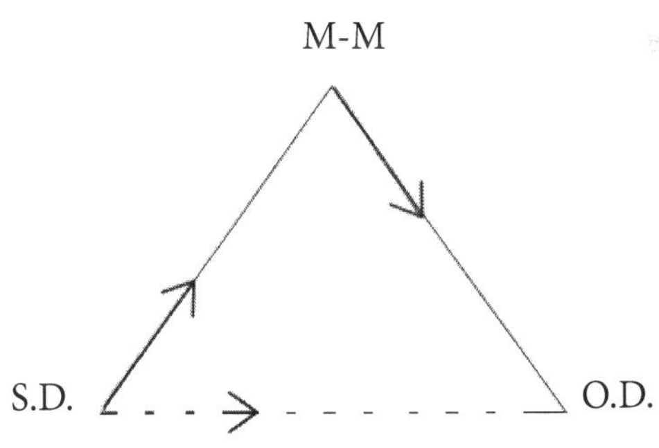

Um exemplo prático: D. Quixote afogou seus neurônios na leitura dos romances de cavalaria e isso acendeu nele o desejo de ser um Cavaleiro Andante, mas, no caso, o mediador foi Amadis de

Gaul, o mais famoso dos cavaleiros que D. Quixote queria imitar. Este mediador detona o desejo e depois fica agindo nos bastidores: se for uma instância longínqua e inacessível, funciona como uma mediação metafísica, mas se for uma instância próxima e palpável, então seria um mediador interno.

É importante também assinalar, que quando dois ou mais postulantes desejam o mesmo objeto, isto cria uma "rivalidade mimética" que coloca os rivais em disputa, ao ponto de que, a partir de um certo limiar, o objeto é "esquecido" e o foco passa a ser meramente vencer o adversário.

A mediação sempre estabelece cenários paradoxais ou distorcidos, dependendo da posição relativa do sujeito em relação ao Modelo-Mediador ou ao Objeto Desejado: assim, por exemplo, os intrincados liames da mediação interna nos impelem a condicionar os desejos alheios tanto quanto desejamos ser por eles condicionados, lançando-nos numa balança que oscila entre a mimese de apropriação (onde brigamos pela posse do objeto desejado) e a mimese de antagonismo (onde o que importa é vencer e humilhar o outro).

Ou, na descrição poético-reflexiva de Matias Aires: "A mesma distância em que algumas coisas se põem, a fazem estar mais perto... Quem foge, parece querer que o sigam; quem, deixa, parece querer que o busquem; é o mesmo cobrir o rosto que incitar mil vontades de o descobrir... O que se busca com ânsia não é o que se dá, mas o que se nega; o que se permite desgosta; o que se refuga atrai; o desejo não tem seta mais afiada do que aquela que se armou da proibição" (p.91).

O ritmo deste período magnífico nos induz a sentir nos solavancos da sua leitura o paradoxo da vaidade, ou seja, a busca tão desesperada quanto inconfessável, de algo que ela finge desdenhar.

Tentaremos agora, resumir as fontes que irrigaram as ideias de Girard em relação ao desejo mimético, baseando-nos no extenso estudo de Wolfgang Palaver, participante de um grupo de pesquisa na Universidade de Innsbruck, na Suíça, a respeito de sua obra, e fundado por Raymund Schwager: Palaver criou também a *Imitatio*, uma organização não-lucrativa dedicada à teoria mimética de Girard.

Lembremos, inicialmente, que em sua *Poética*, Aristóteles já nos advertia que "A imitação é natural ao homem desde a infância, sendo que uma de suas vantagens sobre os animais inferiores é que ele aprende desde o início por imitação". Já Platão, como sabemos, estabelece uma "ontologia da imitação" na qual toda realidade é imitada, sendo que, em sua concepção da República Ideal, a rivalidade quanto à alimentação, território e mulheres, deveria ser eliminada: ele, no entanto, reconhecia a dificuldade de executar esse ideal – "Você imagina que haja qualquer jeito de impedir alguém de imitar aquilo que admira?" Na mesma linha, Aristóteles nos fala do "Prazer que o homem sente ao imitar" e exalta os aspectos imitativos da tragédia grega que levariam à purificação da piedade e do temor, a célebre catarse aristotélica (Palaver, 2013, p.41-45, trad. do autor).

É preciso ressalvar que nem toda instância de comportamento mimético resulta em conflito: se o objeto pode ser compartilhado (como aprender uma língua, ler um livro, apreciar uma música) a mimese não gera problemas; se, no entanto, o compartilhar for impossível (como com objetos de desejo sexual, posições sociais etc...) o desejo mimético degenera em competição, rivalidade e conflito. Ninguém descreveu melhor a lógica catastrófica da mimese aquisitiva do que Thomas Hobbes no seu *Leviatã*: "Se dois homens quaisquer desejarem a mesma coisa, que, no entanto, não puder ser compartilhada, eles se tornam inimigos e, visando dar um fim ao impasse... se esforçam para destruir ou submeter um ao outro" (Palaver, 2013, p.46, trad. do autor).

O disparador para a teorização de Girard foi a detecção de padrões imitativos na literatura de Flaubert (*Madame Bovary*), Stendhal (*Le Rouge et le Noir*), Proust (*La Recherche du Temps Perdu*),

Dostoievsky (*O Eterno Marido*), Shakespeare (*Much Ado About Nothing*, *Hamlet*, *A Midsummer Nights Dream*) e Cervantes (*D. Quixote*) onde se descreve que o desejo humano não é autóctone, mas sim uma imitação do desejo do outro: a isto ele chamou de "verdade romanesca"; em contraposição denominou de "mentira romântica" a ilusão de que temos o controle de nossos desejos, algo que ressoa com o famoso aforismo de Freud de que o homem, após a descoberta do inconsciente, deixou de ser senhor em sua própria casa.

Em 2009, na tradução de *Mentira Romântica e Verdade Romanesca*, ele nos explicita o significado deste título:

> *Assim sendo, não é de se espantar se o termo* romanesco *espelha sempre, por sua ambiguidade, a ignorância em que nos encontramos acerca de toda e qualquer mediação. Este termo designa os romances de cavalaria e designa Dom Quixote; ele pode ser sinônimo de romântico e pode significar a ruína das pretensões românticas. Reservaremos doravante o termo* romântico *para as obras que refletem a presença do mediador sem jamais revelá-la e o termo* romanesco *para as obras que revelam essa mesma presença. É a essas últimas que se dedica essencialmente o presente escrito. (p. 40).*

Talvez, ninguém tenha descrito com mais profundidade a infelicidade do vaidoso do que Stendhal, principalmente nas *Memórias de um Turista* e no *O Vermelho e o Negro*: ele nos demonstra com maestria que "o vaidoso quer reduzir tudo a si mesmo, tudo centralizar em seu Eu, mas nunca o consegue. Ele padece sempre de um 'vazamento' em direção ao *Outro*, por onde se escoa a substância do seu ser." (p. 89).

Apenas o ser forte pode viver sem vaidade. Num universo de iguais, os fracos são presa do desejo metafísico levando ao triunfo dos sentimentos modernos: "a inveja, o ciúme e o ódio impotente". É para escapar do sentimento do particular que os homens desejam conforme o *Outro*; eles escolhem deuses de reposição, pois não podem renunciar ao infinito. O egocêntrico stendhaliano não procura como o Romântico, inflar seu Eu nas proporções do universo: tal empreendimento repousa sempre sobre alguma mediação oculta. O egocêntrico toma consciência dos seus limites e desiste de superá-los: é por modéstia e por prudência que ele diz "eu". O egocêntrico representa, assim, em Stendhal, um esboço do humanismo: ele não fica relegado ao *nada*, pois não renunciou a cobiçar o *tudo*. (p. 90).

Proust, por outro lado, vale-se do vocabulário simbolista para expressar a essência da descrição romanesca: a vaidade do desejo, a insignificância do objeto, a transfiguração subjetiva do *Outro* e a decepção do gozo. (p.62).

No tocante a Dostoiévski, uma das suas análises mais interessantes, refere-se à sua novela *O Eterno Marido*, onde acompanhamos o entrecruzamento de rivalidades passionais de um marido que só conseguia interessar-se pela esposa, através de uma mediação exercida por seus amantes. Nesta análise, Girard destaca o mimetismo e o masoquismo, mas, para mim, existiria também a ação insidiosa da vaidade de induzir o outro a uma armadilha, visando um benefício próprio (p. 68-70).

Ao referir-se à paixão romântica, Girard oferece o exemplo do amor egoísta de Tristão e Isolda, onde o que prevalece não é um abandonar-se ao outro, mas sim uma guerra implacável entre duas vaidades rivais. Segundo um crítico, "Tristão e Isolda se entre-amam, mas cada qual só ama o outro a partir de si, não do outro. Suas infelicidades têm assim origem numa falsa reciprocidade, máscara de um duplo narcisismo, a tal ponto que em determinados momentos, sente-se aflorar em meio ao excesso de paixão uma espécie de ódio do amado". Em resumo, a vitória pertenceria àquele dos dois amantes que melhor sustentasse sua mentira (p. 136).

Bion, ao final de sua intensa obra, afirma que na vida cotidiana a transformação verbal que melhor representaria a realidade última incognoscível de uma personalidade, seria quando ela se visse tomada por um amor apaixonado (1991, p. 183).

Numa interessante passagem, Girard esclarece as vicissitudes do "ser da paixão", de uma forma que avaliza o enunciado de Bion: "O ser da paixão atravessa sem ver essas muralhas de ilusão erguidas pela vaidade do mundo. Não dá importância ao sentido literal e vai direto ao espírito. Ele se dirige ao objeto de seu desejo sem se preocupar com os *Outros*. É o único realista num universo de mentira. Eis porque parece sempre um pouco maluco. [...] O ser da paixão desnorteia e desorienta porque vai direto à verdade: ele é a involuntária negação dessa negação que é a vaidade stendhaliana." (p. 168).

Atualmente, as teorias de Girard são encaradas com desconfiança numa sociedade que, na teoria, prega a originalidade. No entanto, o endeusamento romântico da individualidade autônoma pavimentou a trilha da moderna idolatria que se vangloria de ser um "voluntarismo anti-mimético", mas que acaba desembocando num "mimetismo reforçado", como ocorre na propaganda e no modismo. Em seu estudo sobre *Filosofia da Paixão*, publicado em 1905, o sociólogo Georg Simmel já denunciava caricaturalmente o "Clube dos odiadores-de-clube, cujos membros marcham contra os modismos da época, vestidos em uniformes-não-conformistas".

Para nos orientarmos neste universo que estamos adentrando pelas mãos de Girard, lembremos dos conceitos de "elan vital" de Bergson e de "projeto" em Sartre - o Ser, segundo o existencialista francês ocorre em duas condições: o Ser-em-si mesmo (*Être-en-soi*), que são os objetos de consciência que não possuem consciência e; o Ser-para-si mesmo (*Être-pour-soi*) que permite a auto-percepção, a consciência e a liberdade. Através de um *projeto*, a meta do ser-para-si é tornar-se um ser-em-si. Um belo exemplo é o do garçom que imita os estereótipos de sua classe confiando que, através da imitação dos gestos dos colegas antigos, um dia ele se tornará um "garçom-em si".

Em resumo, no *Ser e o Nada*, ele conclui: "Para que eu seja o que sou, é meramente suficiente que o Outro olhe para mim" (Palaver, 2013, p. 74-77, trad. do autor).

Interessa-nos em particular a investigação empreendida por Girard a respeito das "paixões miméticas de competição" (vaidade, orgulho, inveja e ciúmes) na tradição ocidental. Em várias ocasiões ele destacou seu débito a S. Agostinho, para quem o Pecado Original não passou de uma "imitação perversa de Deus", e que forjou grande parte de suas *Confissões*, sugerindo que o desejo humano está baseado na imitação de papéis-modelo: como exemplo, ele oferece sua própria vida leviana antes de sua conversão ao Cristianismo.

Dois episódios de sua juventude o marcaram. No primeiro ele acompanhou seu amigo Alípio ao Coliseu como testemunha de que ele resistiria de olhos fechados a acompanhar o gozo delirante da multidão com a crueldade vivida pelos gladiadores: ele, no entanto, não resistiu ao contágio da satisfação sádica que emanava dos expectadores, e logo abriu os olhos para irmanar-se com a turba. No segundo, ele juntou-se a um grupo de amigos que roubaram umas peras seguindo, meramente, um impulso vaidoso banal de não ser considerado medroso.

Após a conversão, ele passou a classificar os humanos como professando dois tipos de amor: quando prevalece o "amor por si", ou *amor sui*, o que se busca é a fama sustentada pela arrogância e pelo orgulho; mas, o "amor divino", ou *amor Dei*, busca sua "glória excelsa em Deus" enraizada na humildade. Na Cidade Terrena, ele descreve que "a luta encarniçada por objetos que não podem ser possuídos ao mesmo tempo, gera uma pobreza infeliz". Em contraste, na Cidade de Deus, os humanos vão humildemente em busca de um objeto "que não pode ser arrebatado das mãos dos que imitam Deus pois, aquilo que está sendo amado aumenta de valor proporcionalmente ao número daqueles que o obtém" (Palaver, 2013, p. 88-93, trad. do autor).

Na esteira da teologia agostiniana, S. Tomás de Aquino em seu *Tratado da Inveja*, sugere que o esforço para igualar uma virtude, ou seja, a emulação positiva, seria a melhor forma de neutralizar a inveja, confirmando a busca dos bens eternos como a pedra angular do sistema ético cristão. Isto foi poeticamente formulado por Dante no Purgatório:

> *Conhecendo agora as consequências do seu pecar, não lhe causa estranheza que os homens, na Terra não façam algo para aliviar o seu tormento no Purgatório. A inveja é mal que conduz a muitos suspiros intranquilos, pois que os desejos do invejoso objetivam unicamente os bens mundanos, e estes, devendo por sua natureza serem gozados por muitos possuidores, fazem que a parte usufruída resulta sempre menor, desprezível mesmo. Bem ao contrário ocorre quando o desejo dos homens se volta para o amor divino. Não haja receio de que, sendo muitos a gozar da beatitude celeste, resulte menor a delícia de cada um, pois é da natureza divina que a felicidade do indivíduo aumente a geral felicidade. (Purg. XV, 49-57, trad. de Hernâni Donato).*

No famoso *Leviatã* (O rei do orgulho), Hobbes compara a vida – ou melhor as emoções individuais do esforço humano – a uma corrida alimentada pelo desejo competitivo que, na avaliação de Leo Strauss, sustenta o diagnóstico do mundo humano como um palco impregnado da competição por honra, poder e dignidade, que se envenena de inveja e ódio.

Numa variação sobre o mesmo tema, a *Ética de Spinoza* sentencia: "Esta imitação de emoções quando referida à dor, é chamada *compaixão*; quando referida ao desejo, *emulação*, que vem a ser o desejo de qualquer coisa engendrado em nós pelo fato de percebermos que os outros têm um desejo semelhante [...] Se sentimos que alguém se delicia com algo que só pode ser possuído por uma pessoa, nos esforçaremos para que ele não se aposse daquilo".

Já Kant propõe que a natureza paradoxal da sociedade humana pode ser ilustrada pelo conceito de "sociabilidade insociável", chegando a ressaltar a importância da emulação e do antagonismo, sem os quais os humanos ficariam mergulhados na preguiça. "Graças à Natureza, portanto, surge a incompatibilidade, a desprezível vaidade competitiva, o desejo insaciável de possuir ou mesmo de dominar! As inclinações dos seres humanos concordam, mas a Natureza sabe o que é melhor para as suas espécies: as suas inclinações discordam das deles".

Girard preza as ideias sobre as raízes miméticas do ressentimento, expostas pelo filósofo alemão Max Scheler (1874-1928) e resumidas nesta frase: "A *inveja existencial*, a qual se dirige à natureza essencial de outra pessoa, é a fonte maior do *ressentiment*. Tudo se passa como se ela continuamente sussurrasse: 'Eu consigo perdoar tudo, menos o fato de não ser você'". Por outro lado, é patente a influência que sofreu de Hegel, através da leitura esclarecedora de Kojève: "O homem é Auto-Consciência, mas só pode dizer *Eu*, quando experimentamos Desejo por um objeto. O Desejo dirigido a um objeto natural só é humano na medida em que é *mediado* pelo Desejo de um outro em relação ao mesmo objeto: mas o que conta é o Desejo de ser reconhecido pelo outro."

Para Hegel, o desejo de reconhecimento não é só uma luta para sobreviver, mas, necessariamente, uma "luta de vida ou morte". Diz ele: "Para adquirir humanismo, o homem tem que negar seu self animal: em outras palavras, arriscar sua vida biológica para satisfazer seu Desejo não-biológico" (Palaver, 2013, p. 113-115, trad. do autor).

Esta exortação de Hegel tem uma grande importância para a Psicanálise, como explicitado por W.R. Bion (1963, p. 15-16). De fato, o psicanalista inglês ressalta a importância de que o analista possa resistir ao impulso em si, de gratificar os desejos de seus analisandos ou de almejar a gratificação dos seus: para tanto, ele precisaria suportar "os dolorosos sentimentos de solidão e abandono, ao se separar de sua herança mental animal primitiva".

Em nível antropológico, a dificuldade do ser humano em efetuar esta separação, transcende as complicações geradas pelo desejo mimético entre indivíduos e contaminam os grupos sociais, gerando rivalidades e conflitos: isto justifica o próximo passo das investigações de Girard condensadas nas obras *La Violence et Le Sacré* (1972) e *Le Bouc Émissaire* (*O Bode Expiatório*, 1982).

Em resumo, quando a ordem cultural é desestabilizada seja por fatores externos como doenças ou catástrofes naturais, seja por fatores internos como disputas fratricidas, toda sociedade vê-se mergulhada numa "crise mimética", na medida em que todos os membros olham para seu vizinho como um culpado potencial: isto gera uma "guerra de todos contra todos" (Hobbes) e coloca o grupo num estado de possessão habitado por "duplos monstruosos", na expressão de Girard.

Esta crise não podendo ser resolvida através de um ilusório "contrato social", como ansiado por Rousseau ou Hobbes, ela seria apaziguada, segundo Girard, por um realinhamento da agressão para a configuração "todos contra um", ou seja, elege-se uma vítima interna a ser sacrificada (um bode expiatório), ou um inimigo externo comum. A vítima, que num primeiro momento é vilipendiada e/ou assassinada, num segundo momento passa a ser adorada como um messias salvador responsável pelo restabelecimento da paz social.

Isto levou Girard a propor que os elementos centrais de toda religião, como os mitos, ritos e tabus são consequências do mecanismo de vitimização. Além do mais, o modelo girardiano nos ajudaria a compreender, contornando as dificuldades encontradas pela psicanálise, o estruturalismo ou o desconstrucionismo, como a hominização e a cultura se instauram através da gestão da violência. Por outro lado, ele assinala que a conexão entre sexualidade e violência seria uma herança de todas as religiões, e se entrelaçam diretamente sob forma de raptos, estupros, deflorações e sadismos (ilustrados, recentemente, pelos abusos cometidos nos balcãs contra as mulheres bósnias e, na África, pelos fanáticos do Boko Haran contra meninas muçulmanas). Mesmo dentro da estrutura ritual do matrimônio a sexualidade gera violência, bem como quando isto extravasa para relacionamentos ilícitos como incestos e adultérios.

A Teoria Mimética de Girard se insere entre os dois polos já mencionados, o *Homo homini amicus* de Aristóteles e S. Tomás, de índole otimista, e o *Homo homini lupus* pessimista, de Hobbes, sendo melhor resumida pela antropologia de S. Agostinho: "A raça humana, mais do que qualquer outra espécie, é social por natureza e belicosa por perversão"; ou pelo enunciado de Girard: "Os conflitos resultantes da dupla idolatria entre self e outro, são a principal fonte de violência humana. Quando nos devotamos a adorar nosso vizinho, esta adoração pode facilmente degenerar em ódio, já que tentamos desesperadamente adorarmos a nós mesmos e aí nos desgraçamos". (Palaver, 2013, p. 37, trad. do autor). Um exemplo patético foi a transformação da adoração incondicional nutrida por Nietzsche em relação a Wagner que, posteriormente, se transformou não só em crítica mordaz ao antigo ídolo, mas levou-o a adorar-se como o deus pagão Dionísio, já dentro de um quadro francamente psicótico.

A meu ver, a ênfase de Girard no conflito mimético refere-se àquelas situações em que o sujeito é acometido, de forma sedutora e arrebatadora por uma "febre", seja ela causada por um modismo ou por uma concupiscência. Mas, é claro, que a imitação se presta a intuitos mais nobres, seja no desenvolvimento psicomotor, seja no campo artístico ou mesmo como elemento lúdico no entretenimento. Além do mais, é preciso diferenciar-se a imitação *senso lato* da emulação, na sua vertente de estímulo saudável para aprimorar-se, tomando como exemplo a excelência alheia.

8. Freud e a vaidade: uma inesperada surpresa

Imersos no planeta vaidade, seria inevitável que pesquisássemos os traços da passagem de Freud por ali, mas ao fazê-lo, somos tomados por uma inesperada surpresa: ao consultarmos a *Standard Edition*, a palavra *vanity* sequer consta do índice remissivo. Ainda atônitos, pedimos socorro à Sigmund Freud Gesammeltte Werke (Frankfurt am Main: S. Fischer Verlag - 6 Auflage, 1973), onde o termo *eitelkeit* (vaidade) aparece em escassas *duas* entradas[1].

A primeira surge no artigo "Fragmento da análise de um caso de histeria" (1905, ao final do sonho do Caso Dora, onde Freud, teria usado a palavra *eitelkeit*: curioso em encetar esta busca pelo tesouro, debrucei-me sobre o texto em inglês - face a minha ignorância do alemão - para "reconhecer" a referida passagem). Acredito ter achado o que procurava no texto (S.E., vol VII, p. 106, 1973), onde Freud, através dos elementos do segundo sonho, interpreta a Dora os sentimentos de *orgulho e ciúmes*, que a invadiram quando percebeu que Herr K. (um amigo de seu pai) avançara se-

1 Agradeço à colega Elsa Susemihl que, possuidora do original alemão, gentilmente me forneceu esta informação, e com quem, pude compartilhar a digestão inicial desta surpresa, acolhendo sua sugestão de que "talvez, vaidade seja uma expressão mais 'superficial' de um tema que permeia extensivamente questões fundamentais da teoria psicanalítica".

xualmente sobre ela, usando a mesma "cantada" utilizada anteriormente ao assediar a babá de seus filhos. Assim, sua indignação não seria por ter sido atacada, mas porque sua vaidade fora ferida ao ser tratada como uma simples serviçal.

Nesta tradução para o inglês de Strachey onde, ao que tudo indica, *eitelkeit* foi traduzida por *pride* ou *jealousy*, podemos notar que Girard tinha razão de juntar esses sentimentos sob o epíteto de "paixões miméticas", assinalando a promiscuidade semântica entre elas.

Estimulado por este primeiro achado, dirigi-me à segunda entrada localizada nas páginas finais da "XXXIII New Introductory Lecture on Psycho-Analysis" (1933) sobre "Feminilidade" onde Freud começa a tratar da inveja do pênis:

> *Não podemos avaliar adequadamente a importância da inveja-do-pênis. Podemos considerá-la como um caso de injustiça masculina se eu assinalar que a inveja e o ciúmes desempenham uma parte ainda maior na vida mental das mulheres do que dos homens. Não que eu pense que essas características estejam ausentes nos homens, ou que imagine que nas mulheres não existam outras raízes para elas além da inveja-do-pênis: no entanto, sinto-me inclinado a achar que seu maior volume nas mulheres deve-se à esta última influência. (S.E., vol. XXII, p. 125, 1973, trad. do autor).*

Outra surpresa inesperada, porém, aguardava-me na página 132:

> *O efeito da inveja-do-pênis tem, além do mais, um quinhão na vaidade (*vanity*) das mulheres, já que elas são propensas a valorizar mais intensamente seus charmes,*

> *como uma compensação tardia por sua inferioridade sexual original. A vergonha, considerada uma característica feminina* par excellence, *mas que é muito mais uma questão de convenção do que se poderia supor, tem como propósito, acredito, dissimular a deficiência genital.*

Ao referir-se a esta pretensa inferioridade sexual original, Freud introduziu uma nota nos remetendo a seu artigo sobre *Narcisismo* de 1914: "As mulheres, especialmente quando se desenvolve com traços de beleza, desenvolvem uma certa auto-satisfação que as compensa pelas restrições sociais impostas a elas em suas escolhas de objeto" (S.E., vol. XIV, p. 88-89, trad. do autor). Este é um bom exemplo, dentre outros, onde a vaidade está implícita, mesmo sem ter sido diretamente nomeada.

Mas, enfim, a vaidade fez-se presente na obra de Freud, apesar de continuar praticamente ausente dos índices remissivos, o que não deixa de nos criar um desafio de esticar um pouco este jogo de esconde-esconde, claro que de forma não exaustiva, na esperança de encontrá-la escondida ou adormecida nos meandros dos textos freudianos. Confesso que não fui muito feliz nessa iniciativa, pois, após algumas horas de busca, encontrei só uma passagem desta ordem no artigo "Algumas consequências psíquicas da distinção anatômica entre os sexos" (1925):

> *Mesmo após a inveja-do-pênis ter abandonado seu verdadeiro objeto, ela continua a existir: mediante um simples deslocamento ela persiste no traço caracterológico do* ciúmes. *O ciúmes, naturalmente, não está limitado só a um sexo e possui um fundamento mais amplo do que a inveja-do-pênis, mas sou da opinião que ele desempenha um papel bem maior na vida mental das mulheres do que dos homens, e que isto ocorre por ser enormemente*

> *reforçado pelo deslocamento desta inveja. (S.E., vol. XIX, p. 254, trad. do autor).*

Nesta passagem, além da presença de duas das "paixões miméticas", encontramos acoplado o mecanismo defensivo do deslocamento utilizado por Freud ao analisar os desdobramentos da configuração inveja-do-pênis. Como sabemos, as teorias freudianas sobre o psiquismo da mulher foram sofrendo, ao longo do tempo, uma série de revisões críticas, mas em respeito à isenção investigativa de Freud, acho oportuno reproduzirmos a ressalva com a qual ele encerrou a sua Conferência Introdutória sobre feminilidade:

> *Isto é tudo que eu tinha a lhes dizer sobre feminilidade. Com certeza, é algo incompleto e fragmentário que nem sempre soa amistoso. Mas não se esqueça que eu tenho descrito as mulheres, enquanto sua natureza está determinada pela função sexual. É verdade que esta influência é extensa; não obstante, não desmerecemos o fato que a mulher, em sua individualidade, é também um ser humano em muitos outros aspectos. Se lhes interessar saber mais sobre feminilidade, consultem suas próprias experiências de vida ou dirijam-se aos poetas, ou então, aguardem até que a ciência possa lhes fornecer informações mais profundas e coerentes. (S.E., vol. XXII, p. 135, 1973, trad. do autor).*

Por via das dúvidas, senti-me instado a passar uma vista d'olhos na obra de Melanie Klein sobre inveja e gratidão, mas, lá também, a vaidade parecia estar escondida. Talvez, tenhamos mesmo que considerar a vaidade a mais proteiforme e dissimulada das paixões miméticas, já que, na própria obra de Dante, que eu pude consultar com maior profundidade, ela costuma surgir de forma indireta:

> *A glória mundana não é senão sopro de brisa que ora vem daqui ora de acolá, mudando o nome conforme muda de lado. Que fama haverá, pois, de ti ao fim de um milênio, quer deixes a vida no extremo passo da velhice ou ao tempo do inconsciente balbucio infantil? (Purg. XII, 100-105, trad. Hernani Donato).*

Ou, nesta outra passagem:

> *A fama dos homens assemelha-se à flor que se abre e se cresta por efeito do mesmo Sol que a fizera germinar. (Purg. XI, 115-117, trad. Hernani Donato).*

Quem sabe, a vaidade não seria uma sedimentação filogenética dos esforços humanos de sobrevivência, que só poderia ser enfrentada diretamente através de uma espécie de catarse interiorizada, que causasse uma "conversão perceptiva"? Não por acaso, ao descrever o ingresso das almas no Purgatório, Dante enseja a proliferação de metáforas visuais (a "visão nítida", o "Sol que ambicionas", "espadas refulgentes", e assim por diante).

9. O Édipo Mimético: um exemplo mítico do mecanismo do "Bode Expiatório"

Palaver (2013, p. 135, trad. do autor) nos explica que o trabalho de Girard a respeito do desejo mimético levou-o a uma segunda etapa de sua teoria que configurou uma teoria universal da cultura: seu núcleo, como já vimos, seria a tese do mecanismo do bode expiatório, segundo a qual, a cultura humana teria emanado de um assassinato fundador, visando coibir situações arcaicas de crise.

Na abertura do capítulo dedicado a esse tema, encontramos uma citação de Freud extraída de *Por que a Guerra*: "A força bruta é vencida pela união; a força conjugada de unidades espalhadas, faz prevalecer seu direito contra o gigante isolado. Assim, podemos definir 'direito' (ou seja, a lei) como o poderio de uma comunidade. E, também, não passa de uma violência, prestes a atacar qualquer indivíduo que obstrua seu caminho, e nisto emprega os mesmos métodos, segue os mesmos fins, com uma diferença: trata-se da violência grupal, e não da individual, que encontra o seu caminho." (S.E., vol. XXII, p. 197-215, trad. do autor).

Reputo oportuno acrescentar outra passagem desse artigo, onde fica claro a consciência que Freud tinha a respeito de como uma multidão pode ser facilmente incendiada:

> *Como é que estes instrumentos conseguem mobilizar tão bem os homens com um entusiasmo selvagem, a ponto inclusive de sacrificarem suas vidas? Uma única resposta é possível. Porque o homem possui, dentro de si, uma concupiscência pelo ódio e destruição. Em tempos normais esta paixão existe num estado latente, mas ela emerge somente em circunstâncias pouco usuais; porém, é tarefa comparativamente fácil de mobilizá-la alçando-a à dimensão de uma psicose coletiva. Eis aqui, talvez, o ponto crucial de todos os fatores complexos que estamos considerando, um enigma que somente o especialista no assunto dos instintos humanos pode resolver. (S.E., vol. XXII, p. 201, trad. do autor).*

Um exemplo clássico invocado por Girard para discutir o "mecanismo do bode expiatório" (termo emprestado do ritual judaico do Yom Kippur), foi, naturalmente, o Mito Edípico, ou melhor a versão trágica dele consagrada por Sófocles. Curiosamente, no entanto, em seu livro *Le Bouc Émissaire* (*O Bode Expiatório*, Paris, 1982), este tema cedeu lugar à apresentação de narrativas medievais de perseguição aos judeus, a uma dissecação dos estereótipos de perseguição, a um reconhecimento desta configuração em vários mitos e, finalmente, de sua presença em várias passagens do Novo Testamento (Paixão de Cristo, Decapitação de João Batista, Negação de Pedro). Além do mais, estabelece ali uma importante diferença: os relatos míticos privilegiam, em geral, a perspectiva dos perseguidores, enquanto, na Bíblia, nos deparamos com a perspectiva dos inocentes.

A história de Édipo foi aprofundada por Mark Anspach, um discípulo de Girard que fez Doutorado em Literatura em Stanford, em seu livro *Oedipe Mimetique* (2010), e, felizmente, já traduzido ao português: na introdução, o próprio Girard aponta que a análise essencial apresentada é a das relações hostis entre Édipo e Tirésias, reconhecíveis como uma rivalidade mimética, fonte de uma simetria crescentemente violenta, na medida em que os dois visionários se imitam perpetuamente, redobrando o ódio a cada réplica. É para aperfeiçoar a semelhança com seu rival cego, que Édipo acaba furando seus olhos; um processo análogo se desenvolve com Creonte: com o aumento da violência eles vão se igualando e, ao fim, qualquer um deles poderia encarnar o papel de culpado.

Em seu livro, antes de apresentar suas análises, Anspach reproduz um interessante diálogo mantido com Girard no qual se enfatiza que, onde Freud privilegiou a libido como motor dos conflitos edípicos, o francês reconheceu o papel desagregador da propensão a imitar: além disso, segundo ele, a imitação do pai precede o desejo pela mãe, obscurecendo o reconhecimento, por Freud, do lado positivo da emulação, a admiração que acompanha a rivalidade.

Foi a riqueza do Mito Edípico, sem dúvida, que atiçou a curiosidade dos psicanalistas, levando Freud a atribuir a ele um papel central na estruturação do psiquismo humano, e levando Bion não só a ressaltar a arrogância de Édipo ao pretender desvendar sua identidade a qualquer custo, mas também a postular o valor poético do mito na descoberta da própria Psicanálise. Girard, porém, não escondeu seu ceticismo quanto a este papel fundante do Édipo psicanalítico, invocando outros personagens que poderiam ilustrar as agruras de vítimas inocentes.

Quando Édipo pergunta quem matou Laio, Tirésias apenas responde: "Eu sei, mas você tem de descobrir!" Irritado com esse desafio, Édipo acusou o vidente de ser o assassino, mas, de imediato, a acusação é devolvida. Possesso, Édipo o xinga raivosamente: "Você é um cego cretino!". Cego, agora de raiva, Tirésias retruca: "O cego é você que sequer enxerga a verdade de seus atos!". É aqui que Girard intervém indagando se Tirésias enxergava sua própria verdade: será que ele sabe que está prestes a imitar Édipo? Que naquela disputa os contendores vão hipnoticamente se igualando?

Todo homem, pondera Girard, "É Édipo – o culpado – *para o outro*, e Tirésias – o profeta subestimado – *para si mesmo*". Esta tertúlia descamba numa briga infantiloide do tipo "O bobo é você!" das crianças, ou mesmo, na "briga de trânsito" ocorrida na encruzilhada entre Édipo e a comitiva de Laio. Diante desta pantomima, o próprio coro se desorienta e profere seu diagnóstico: "A raiva cegou tanto Édipo quanto Tirésias" (linhas 404-405). Tudo indica que a proliferação incontrolável desta cegueira sempre pautou os conflitos humanos, estando presente hoje, no enxame desatinado que povoa a mídia digital como nos mostra o crítico da pós-modernidade Byung-chul Han (2018). Focados em espezinhar o adversário, o coro teme que Tirésias e Édipo relevem o essencial: a peste que assolava Tebas. Com audácia, Girard associa os dois fenômenos: a discórdia violenta é, em si, uma peste que se propaga como uma doença contagiosa que destrói as distinções e transforma os indivíduos em duplos simétricos. Assim, é provável que, entre o público de Sófocles, muitos compartilhassem a ideia de Platão, segundo a qual as guerras fratricidas entre os gregos eram "a doença (*nosema*) extrema da polis". (*República*, 854 AC).

Ao investigar as circunstâncias da cegueira de Tirésias, Girard desvelou uma outra instância imitativa: de fato, foi a própria divindade epônima de sua cidade, Atena em pessoa, que o cegou, pois ele, quando pequeno, a viu tomando banho. Sua ofensa, tão involuntária quanto a de Édipo, consistiu em ter usado mal os olhos e ter sido condenado a perdê-los. O mesmo castigo recaiu sobre Édipo, pois, antes de cegar-se com os alfinetes que prendiam o manto de Jocasta, defrontou-se com sua nudez.

Para integrar o destaque da perda da diferença com o viés incestuoso freudiano, Geza Roheim (citado em Caldwell, 1974), cita uma versão do mito em que Tirésias vê sua própria mãe tomando banho com Atena: assim, a ofensa de Tirésias seria "edipiana" antes do termo existir, ou talvez se devesse considerar o delito de Édipo como "tiresiano". Nos dois casos, a distinção entre os dois personagens se desvaneceria.

Édipo acaba arcando com a responsabilidade da crise de indiferenciação que misturou as gerações, produzindo "crianças que são irmãs de seu pai" e remetendo o incesto à categoria de disparador da violência social. As consequências são catastróficas, como nos explica Vernant (1981): "A identificação de Édipo com o próprio pai e com seus próprios filhos, a assimilação em Jocasta da mãe e da esposa, tornam Édipo igual a si mesmo, ou seja, fazem um *àgos* (profanação), um ser *àpolis*, sem nada em comum com os outros homens". Esta profanação, de *per si*, não garantiria que Édipo fosse necessariamente o assassino de Laio, mas sua gravidade o transforma em culpado de todas as acusações possíveis: um bode expiatório.

Atentemos, que o momento profético da tragédia é aquele em que Édipo se vinga involuntariamente de Laio numa espécie de resposta pelo fato de ele tê-lo condenado à morte, abandonando-o ao relento, para livrar-se da profecia oracular de ser morto por um filho que nascesse: com isto, o círculo da violência se fecha. Na acepção de Girard, Jocasta se torna "a única esposa" para o "édipo mimético", não por ser sua mãe, mas sim porque é a mulher do seu modelo.

A estrutura multi-facetada da tragédia de Sófocles permitiu que Anspach pudesse nos introduzir na senda dos desejos contagiosos, tomando como referencial o aforismo "A flecha da sabedoria se volta contra o sábio", que Nietzsche extraiu do *Édipo Rei*, adaptando-o à posição de Girard: "O desejo do sábio desvia a flecha da sabedoria contra si mesmo". A "mentira romântica" seria, antes de tudo, a crença reconfortante na superioridade inata do Eu diante da multidão desprezível de Outros, "incapazes de reconhecerem meu valor". Esta ilusão egoísta cede lugar à "verdade romanesca" quando o "romancista" consegue, por fim, se identificar com os Outros desprezados: "O gênio romanesco se faz presente quando a verdade dos Outros se torna a verdade do herói, ou seja, a verdade do próprio romancista. Depois de ter jogado a maldição sobre os Outros, o Édipo-romancista percebe que o culpado é ele mesmo".

Em seu *Em busca do tempo perdido*, Proust apresenta um narrador que acredita que tudo aquilo que não era dele mesmo, "parecia mais precioso, mais importante, dotado de uma existência mais real". Mas se o Outro existe de forma mais tangível do que Eu, se ele tem aquele ser que me falta tão cruelmente, o melhor que posso fazer é imitá-lo.

A imitação é a mais sincera de todas as homenagens, além de siderar os seres humanos desde a infância na busca de modelos a serem imitados: mas o que em geral passa desapercebido, é o papel que os modelos desempenham na *aprendizagem dos desejos*. Para o pensamento romântico, o desejo é diretamente suscitado pela presença de um objeto com atrativos próprios, mas Girard considera que é a presença de um modelo que orienta o desejo, ao apontar um dado objeto como digno de ser possuído. Lembre-se, aqui, porém, que a grande arte, na visão de Matias Aires, consiste em *aparentar* e não em imitar.

No entanto, sujeito às artimanhas da dinâmica metapsicológica inerentes ao vértice psicanalítico, o imitador começa a sentir que o modelo-mediador passa a criar-lhe obstáculos, como parte de uma sabotagem perversa. Para defender-se, ele inverte a ordem lógica e cronológica dos desejos com o objetivo de dissimular a sua imitação, e tende a convencer-se que seu desejo é espontâneo e que o mediador não passa de um intruso incômodo.

"É na mediação interna", afirma Girard, "que está a verdade profunda do moderno. Há mediação interna quando se 'pega' um desejo vizinho como se pega peste ou cólera através do simples contato com o sujeito infectado". Uma vez que o contato permite a transmissão da infecção nos dois sentidos, o mediador será "tentado a copiar a cópia de seu próprio desejo", intensificando-o desmesuradamente: deste modo, mediador e imitador se tornam duplos intercambiáveis e, cada um vê no outro um perseguidor implacável.

Neste contexto, Freud nos permitiria desempenhar o papel romântico do herói maldito em nosso drama privado, enquanto Girard nos reduz a imitadores submissos de um modelo e, daí sua sentença: "Todos vivemos da imitação, somos exatamente iguais". Triste destino para quem aprecia a originalidade e autenticidade. Para ele, o Édipo freudiano estaria perpetuamente acorrentado a um objeto primordial, a mãe, e a um rival primordial, o pai: as relações sucessivas não fariam mais do que reproduzir, para o bem ou para o mal, o triângulo original.

Girard, por seu turno, liberta Édipo de todo objeto particular, dotando-o de um desejo primordial que, sendo abstrato ou metafísico, é completamente aberto, e, por isso, maleável como um Proteu, adaptando-se ao mediador do momento.

10. A ubiquidade contemporânea da imitação

Um exemplo paulistano "da mediação metafísica" seria a abertura do restaurante "L'entrêcote D'Olivier", onde o *restaurateur* teria ousado subsistir com um único prato e uma única sobremesa, invocando uma receita eventual de uma tia francesa: malgrado o ceticismo quanto à sua viabilidade a aposta foi um grande sucesso. Neste caso, poderíamos conjecturar estarmos diante do modelo metafísico de ser um "chef cinco estrelas" que, como Midas, transformaria em ouro qualquer empreendimento gastronômico. Ora, não demorou que o seu "original" (sic) fosse copiado, gerando filhotes "genéricos": estes imitadores que de início foram comemorados, a partir de um certo momento passaram a ser vividos como concorrentes intrometidos e, depois, pior ainda, como "modelos" a serem imitados – "Se meu sucesso é contagioso, porque não abrir uma rede de franquias?". Mas a verdade, às vezes, também tem pernas curtas: quem já esteve em Paris, descobriu que o original estava localizado lá e, ao que tudo indica, a dona não era uma tia... mas uma cadeia de franquias.

No setor da "mediação interna", temos duas categorias principais, as frívolas e as catastróficas.

Kylie Jenner, é apresentada como celebridade nos E.U.A. por seus dotes de "influenciadora" e pelo feito histórico de "ter ficado bilionária aos 21 anos por conta própria", desbancando Mark Zuckenberg, que só conseguiu isso aos 23.

Filha de pais famosos e meia-irmã das Kardashians que pontificam nos *reality-shows*, ela investiu US$ 250.000 na criação da Kylie Cosmetics, tendo tido o cuidado prévio de fazer preenchimento nos lábios para imitar Angelina Jolie e, durante meses instigar seus seguidores a sonharem com um kit que ela lançaria no mercado. Os primeiros 15.000 kits, quando lançados por US$ 29, esgotaram instantaneamente, a ponto de serem oferecidos no eBay por US$ 1.000: tudo isso, para adquirir um batom e um contorno para os lábios, destinados a abrir a porta para o paraíso.

Esta categoria, apesar de não envolver sangue como a outra, nem por isso deixa de ter um enorme significado psicossocial, já que atesta como os humanos se deixam contagiar pela imitação a ponto dos imitadores se confundirem com os imitados.

O caso das chacinas coletivas, porém, demonstra que o Leviatã tem um apetite inesgotável. Nesses casos, em geral, os executores constituem um tipo especial de imitadores, pois por um lado se valem de métodos imitados da ficção (em geral eletrônica) e, por outro, precisam matar os imitados. Explico-me: minha teoria é que os chacinadores são mentes doentias que, tomadas por um sofrimento insuportável, sentem que são odiados pela realidade e assim, passam a odiá-la, achando que encontrarão vingança na eliminação de inocentes que "ousam conviver com a realidade", seja estudando, rezando, trabalhando ou se divertindo.

Muitos não escondem que estão imitando "massacres famosos", como os de Columbine, nos E.U.A., e o de Anders Breivik, na Noruega, ou então, que seguem gurus como Renaud Camus, autor do livro "The Great Replacement", que teria inspirado Brenton Tarrant, o genocida da Nova Zelândia.

Nesse caso específico, é preciso também lembrar a provável influência do livro "Submissão", de Michel Houellebecq, publicado em janeiro de 2015, na França, que veio aumentar uma islamofobia crescente após o ataque às Torres Gêmeas e a constituição do Estado Islâmico. Neste romance apocalíptico, descreve-se que em 2022 a Fraternidade Muçulmana ganha as eleições presidenciais na França, passando a dominar todas as instituições do país: a chacina nas mesquitas de Christchurch foi apresentada como o início necessário de uma limpeza étnica.

Desde março de 2019, o Brasil, infelizmente, começa a entrar na estatística de ataques a escolas após o episódio na Escola Estadual Raul Brasil em Suzano, o oitavo desde 2002: neste mesmo período, nos E.U.A., ocorreram incríveis 660 episódios contra escolas, fato triste que nos obriga a considerá-los como um foco primário de imitação. Não esqueçamos dos efeitos perversos da rivalidade mimética, presentes em Suzano através da manipulação de armas primitivas como machadinhas, flechas e bestas, que visavam, claramente, conseguir que seus usuários ganhassem pontos na competição de requintes de crueldade.

Para termos uma ideia de como a imitação pode ser destrutiva, reproduzo um trecho da ponderação da ombudsman do jornal Folha de S. Paulo, de 17/3/2019, acerca dos dilemas na publicação de imagens dos atentados acima descritos:

> *O desafio é descobrir como equilibrar o interesse público em um tiroteio em massa, com o interesse público em reduzir o crime de imitação.*

Como já mencionado, no entanto, o modismo tem o potencial de mobilizar uma multidão de jovens performáticos hipnotizados por novidades lúdicas, que criam uma espécie de cadeia globalizada de divertimento. Em São Paulo, em plena pandemia de Covid a Folha de S. Paulo publicou em 16/8/2021 uma matéria com o título pomposo de "Brinquedo que faz *pop* pula da internet para a Rua 25 de Março". A palavra *pula* do título ilustra de saída a celeridade da contaminação digital, bem como a sua disseminação popular. Neste caso, trata-se de mais uma febre do Tik Tok chamada "pop it" (algo como "faça estalar"), uma peça de silicone cheia de bolinhas coloridas que, quando apertadas, produzem um som inaudito. Sua concepção, pretende enquadrá-la na categoria dos "fidget toys", aqueles brinquedos inquietantes que, segundo alguns, pode aliviar o stress trazendo benefícios cognitivos e motores.

A *Teoria do Desejo Mimético* de Girard tem sido contestada por críticas de vários setores, seja acusando-a de privilegiar o vértice religioso, o polo conservador ou reacionário, de interpretar erroneamente as identidades de gênero, de escolher seletivamente os modelos literários: curiosamente, apesar de Girard ocupar-se pessoalmente de responder a elas, uma grande parte das mesmas é analisada pelos estudiosos de suas obras, como Golsan (2014, p. 151-175).

Como exemplo de uma crítica pertinente ali mencionada, em seu artigo "Desire: direct and imitative", Robert Greer Cohn repreende Girard pela "unidimensionalidade" de sua teoria, declarando que "ele demonstra uma forte tendência a deixar de lado a dimensão profunda e metafórica do desejo, na qual as aspirações mais elevadas – como as da religião ou da arte – e os apetites e necessidades inferiores – como a luxúria e a agressividade – se encontram, unindo assim polos extremamente opostos".

De qualquer modo, não poderíamos encerrar este capítulo sobre o *desejo mimético* que, por razões óbvias, interessa sobremaneira à Psicanálise, sem ensaiarmos uma reflexão, mesmo que sucinta, a respeito da sua universalidade proposta por Girard, lembrando que a universalidade do Complexo de Édipo é frequentemente contestada.

Inspirei-me nesta tarefa num ensaio de A. O. Scott, o principal crítico de cinema do *New York Times*, chamado "Como estar errado" (*Serrote*, nº 29, p. 195-223), parte do livro *Better Living Through Criticism*, publicado em 2016 e inédito no Brasil.

Segundo o autor, em resumo: "Os equívocos de um crítico dizem de seu esforço sincero e aplicado em não se submeter às certezas da nostalgia, nem ao ritmo insano das novidades". Ao ler esta frase, acendeu-me um néon que dizia: "O crítico, por natureza, não pode ser um imitador". Isto foi corroborado por uma bela passagem que, praticamente, encerra o ensaio:

> *Quando Harold Rosenberg, um irascível crítico de arte de meados do século XX, caracterizou com mordacidade seus colegas intelectuais como um "rebanho de mentes independentes", estava identificando um paradoxo que receberia sua formulação definitiva numa cena memorável de* A vida de Brian, *do grupo Monty Python. Nela, Brian implora a uma multidão de discípulos que parem de segui-lo e pensem por conta própria, conselho que eles acatam com ardente entusiasmo. "Sou um indivíduo!", eles repetem em uníssono. "Sou diferente!". E então, uma solitária voz dissidente balbucia: "Eu não sou".*
>
> *Aquela alma solitária, insistindo teimosamente em sua verdadeira autonomia em relação à falsa independência que ilude todos os outros, e ao mesmo tempo reconhecendo os limites de seu controle sobre a própria mente é uma* personificação perfeita do crítico *(grifos meus).*
>
> *A tentação que atormenta o crítico é abraçar um desses dois extremos, postar-se ou como um tribuno do senso comum – intérprete do público democrático, mensageiro da* vox populi *– ou como seu obstinado e íntegro antagonista, esquivando-se dos impulsos da massa em favor de modelos eternos ou de suas próprias idiossincrasias. Pode venerar de modo idólatra a forma e o tom*

> *refinados da "coisa-em-si" ou arrebentar sua casca para vasculhar o que tem dentro. Pode celebrar o artifício – os meios brilhantes pelos quais uma coisa pode parecer saber exatamente o que é – ou* abraçar a autenticidade, o esplendor silencioso de uma coisa sendo ela mesma. *(grifos meus).*

Seria o crítico a exceção que confirma a regra? Ou um espírito de porco por natureza? Que recurso teria ele para escapar das garras insidiosas do desejo mimético? A resposta de Scott nos acena desde o título que, também poderia ser, "Sem medo de errar".

Como preâmbulo, ele ressalta que "O afã de estar certo, de arrogar vaidosamente para si os direitos que o acerto confere, tem o efeito de converter a busca da verdade num jogo em que o erro, paradoxalmente, é desprovido de consequências". Isto se justifica, no meu entender, por uma manipulação do tipo "dois pesos e duas medidas": na busca de votos, de poder ou de status, não se hesita em afirmar e prometer maravilhas, mas, comprovada a falácia deste exibicionismo, busca-se incontinente refúgio no surrado "errar é humano".

Scott inverte limpidamente essa equação: "É um dever sagrado do crítico estar errado. Não de propósito, claro, e não por preguiça, ignorância ou estupidez. Não: a tarefa do crítico é traçar um caminho sinuoso, retorcido, vacilante e incompleto em direção à verdade, e por conta disso, travar uma batalha sem fim contra as certezas prematuras e duradouras". Este belo enunciado deixa transpirar a naturalidade do erro, levando-nos a sentir que não tem sentido ter medo de errar, ao contrário, como já mencionamos no caso de Razumikhin, precisamos reverenciar nossa capacidade de errar por conta própria, pois, caso contrário, não passaríamos de papagaios (ou seja, reles imitadores).

Para nosso uso, ressaltemos que por "crítico", deveríamos entender todo e qualquer julgamento crítico, seja o do juiz no tribunal, o dos defensores de ideologias, dos comentaristas esportivos ou políticos, além dos críticos de arte, e mesmo... das interpretações psicanalíticas. Neste caso, o que se pretende é que o crítico se posicione diante da "realidade última" do objeto sob escrutínio com sua "capacidade negativa" (Keats), de maneira a tentar entrar em "at-one-ment" (uni-fic-ação: Bion), com ele. Evidentemente, neste esforço, está implícito que o resultado tanto poderá ser um acerto ou um erro: o fundamental, porém, é que seja fruto de uma avaliação original.

Além do mais, é preciso estarmos atentos para a natureza do objeto avaliado. Quando o crítico de arte Walter Pater sugeriu que "Toda arte aspira à condição de música, estava fazendo não só uma proposição sobre a vantagem de não se estar oprimido pela obrigação de representar, mas também sobre toda crítica. Uma peça musical é o caso limite de uma arte não-mimética: não é sobre coisa alguma, não promove nada e só defende sua integridade".

Este enunciado emitido a décadas, já prenunciava a percepção atual de George Steiner, quem, em seu estudo da poética do pensamento, afirma que, em síntese a literatura e a filosofia seriam produtos da linguagem: a poesia miraria a reinvenção da linguagem, enquanto a filosofia trabalharia para torná-la transparente, para purgá-la da ambiguidade e da confusão. No seu entender, o mundo pós-moderno parece estar se dirigindo para gêneros híbridos como a música, a dança, a mímica e a coreografia, lançando a poesia e a filosofia numa espécie de "*happening* pós-linguístico", onde o significado passa a ser apreendido ludicamente (Steiner, 2011, p. 214-216, trad. do autor).

A imitação adulta transformou-se num tique, um atalho impulsivo que acena com um prazer imediato. Mas Steiner (2009, p.35, trad. do autor), ainda nos confirma o enunciado de Bion (1970, p.87, trad. do autor) sobre a incognoscibilidade da realidade última: "Nenhuma nova exposição, mediante a dissecação analítica, a paráfrase ou a descrição emocional, pode substituir o original (no efêmero e no funcional semelhante substituição é impossível).

Estamos aqui, no limiar da inimitabilidade, mesmo considerando-se que, no geral, o sujeito envolvido não o reconheça. Quem sabe se a melhor escola para o crítico (e mesmo para o psicanalista), não seria o jazz onde quem manda é a improvisação criativa, ancorada num método expressivo?

Bibliografia

Aires, M. (1980). *Reflexões sobre a vaidade dos homens/Carta sobre a fortuna*: Lisboa: Imprensa Nacional.

Aires, M. (2011). *Reflexões sobre a vaidade dos homens*. São Paulo: Edipro.

Alighieri, D. (2009). *A Divina Comédia*. Tradução, prefácio e notas de Hernani Donato. São Paulo: Nova Cultural.

Anspach, M.R. (2012). *Édipo Mimético*. São Paulo: Ed. É Realizações.

Bion, W.R. (1963). *Elements of Psychoanalysis*. London: Heinemann.

Bion, W.R. (1965). *Transformations*. London: Heinemann.

Bion, W.R. (1970). *Attention and Interpretation*. London: Tavistock Publications.

Braga, A.C. (2012). *La Rochefoucauld e La Bruyère*: Filósofos Moralistas do século XVIII. São Paulo: Lafonte.

Caldwell, R.S. (1974). "The blindness of Oedipus". *Int. Rev. of Psycho-Analysis*.

Carvalho da Silva, P.J. (2009). A dor da alma nas reflexões sobre a vaidade de Matias Aires (1752). *Rev. Latinoa. Psicopatol. Fundam.*, Vol. 12, nº 2, SP. Junho 2009.

Chauvin, J.P. (2018). *Matias Aires e a Arte de Sentenciar*. São Paulo, Unesp, v. 14, n. 2, p. 448-464.

Chul-Han, B. (2018). *No Enxame*. Petrópolis: Ed. Vozes.

Ennes, E. (1944). *Dois Paulistas Insignes*: José Ramos da Silva e Matias Aires Ramos da Silva de Eça. Vol I. São Paulo: Cia. Ed. Nacional.

Ennes, E. (1944). *Dois Paulistas Insignes*. Teresa Margarida da Silva e Orta: O primeiro romance brasileiro. Vol II. São Paulo: Cia. Ed. Nacional.

Galvão, C. (2016). *Matias Aires*: Um autor romanesco brasileiro do século XVIII. Extraído de http://renegirard.com.br/blog/?p=409

Girard, R. (2009). *Mentira Romântica e Verdade Romanesca*. São Paulo: É Realizações.

Girard, R. (2014). *O Bode Expiatório*. São Paulo: Paulus.

Golsan, R.J. (2014). *Mito e Teoria Mimética*: Uma Introdução ao Pensamento Girardiano. São Paulo: É Realizações Editora.

Kirwan, M. (2005). *Discovering Girard*. London: Cowley Publications.

Palaver, W. (2013). *Renè Girard's Mimetic Theory*. Michigan: Michigan State Univ. Press.

Scott, A.O. (2018). Como Estar Errado. *Serrote*, nº 29, p. 195-223.

Steiner, G. (2009). *Errata*. Madrid: Ed. Siruela.

Steiner, G. (2011). *The Poetry of Thought*: from hellenism to Celan. New York: New Directions Books.

Valinhas, M.L.O. (2009). A Providência nas Reflexões sobre a Vaidade dos Homens, de Matias Aires. *Anais do XI Simpósio Nacional da Associação Brasileira de História das Religiões*: Goiânia, 25 a 27/05/2009.

Vernant, J.P. (1981). *Mythe et tragédie en Grèce Anciènne*. Paris: Maspero.

Vinolo, S. (2012). *Renè Girard*: Do Mimetismo à Hominização. São Paulo: Ed. É Realizações.